Plants Care

プランツケア

100年生きる
観葉植物の育て方

園芸家
川原伸晃
Kawahara Nobuaki

サンマーク出版

プロローグ

観葉植物は正しく「ケア」すれば人よりも長生きします。

本来、多くの植物には寿命という概念がありません。
数百年生きる植物は無数に存在し、数千年を越えることさえあります。

盆栽が人よりも長生きして、管理人が代々受け継がれるように、
室内で生きる観葉植物もまた、本当は半永久的な存在なのです。

「うちの植物、最近、元気がないんです……」

「以前に枯らしてしまって……」

「植物を育てるのは初めてで……」

2005年に観葉植物専門店「REN」を開業して以来、様々な相談を受けてきました。

その中で、非常に多くの方が「観葉植物の寿命は数年だろう」と誤解をしていることに気がつきました。

無理もありません。

街中の園芸店などで観葉植物を買い求めたとき、その多くはプラスチックの簡易的な鉢（以下、プラ鉢）に植わっています。実はこのようなプラ鉢に植えられた植物を、そのままの状態で、長期にわたって健康に育てることはほぼ不可能です。

原因は「土」にあります。

多くの場合、プラ鉢の土には用土の肥沃さを表す「腐植」がほぼ含まれていないため、植物は本来持つ生命力を発揮できません。

「観葉植物は数年で枯れる」と誤解されている最大の原因がここにあります。

また、長く育てているとあらゆる疑問や不安にもぶつかります。

「最近、よく葉が落ちるけど何が原因か分からない」

「大きくなってきたけど、植え替えた方がいいのかな？」

「鉢を置くとなぜか枯れてしまう場所がある……」


今まで多くの園芸店は「植物を売るプロ」であって「植物をケアするプロ」ではありませんでした。ペット産業にたとえるならば、ペットショップはあるのにペットクリニックがない。園芸業界では、そんないびつな構造が常態化していました。

その結果、観葉植物は「ケア」する対象ではなく、一般的には「枯れたら処分する」消費対象として普及したように思います。


この状況への違和感から、業界初の植物ケアサービス「プランツケア」は誕生しました。

お気に入りの観葉植物と、長く一緒に暮らしたいと願う全ての方に寄りそうために。

こんにちは、川原伸晃です。

僕は東京都港区三田の地で100年続くいけばな花材専門店の四代目です。

当社は1919年の創業以来、花卉《かき》園芸の基本と実践から学び、いけばなだけに留まらない花と植物の専門家集団として成長してきました。

僕は幼少期から店先に落ちている枝葉でいけばなの真似ごとをしたり、店の片隅で植物と遊んでいました。その横では、古くから会社にいた大番頭さんが煙草《たばこ》をふかしながら、よく園芸トリビアを語ってくれました。

「世界にはゴムの木の盆栽で1000歳ってのもあるんだぞ」

植物の「英才教育」を受けながら育った僕は、18歳のとき、オランダ人マスターフローリストに弟子入りします。ヨーロピアンスタイルの園芸を学び、オランダ最大の園芸アカデミーWellant CollegeのEuropean Floristry（国際認定資格）を修了しました。その後は日本の様々な修業先で花卉園芸全般の技術を身につけました。

そんなわけで、いけばなや盆栽はもちろんのこと、ブライダルブーケからガーデニングまで、花卉園芸のことなら古今東西を広く（浅く）語れると自負しています。

「四代目として、新しいことを始めなさい」

２００４年、修業先から家業に戻ることを決めていた僕に、父である三代目は大きな課題を与えました。父はビジネスマンとしての才覚に秀でる人でした。まだ黎明《れいめい》期だったシティホテルでのブライダルフラワー事業や、インターネット通販、ブログでの情報発信などを業界内でもいち早く手がけていました。

そんな三代目から不意に突きつけられたビジネスマンとしての課題。

当時の僕は植物の専門知識こそあれ、まともな社会経験などなく頭を抱えました。

当社には「活ける」という社是があります。

これはいけばな花材専門店が礎であることから、初代川原常太郎が定めたものです。

「活ける」についてはP.162のエッセイで詳しく紹介しますが、ひとまずは、「植物がより良くあるように導くこと」だと思ってください。

僕は「活ける」を踏襲した新しい事業を始めようと考え、「活けられていない」植物を探しました。いけばなは文字通り活けられています。盆栽や日本庭園も活けられていると感じました。

そんなときに気になったのが観葉植物でした。

2000年代の日本において、観葉植物は家庭やオフィス、商業空間などであまねく普及していました。快適な室内環境に欠かせない存在として、あるいは素敵なインテリアとして。

既に十分過ぎる地位も確立していましたが、僕にとっては「活けられていない」ように思えたのです。

コンセプトの片鱗《へんりん》を摑《つか》んだ僕は、約1年間の準備を経て、2005年に観葉植物専門店「REN」を開業しました。「REN」は蓮《はす》の音読みです。

観葉植物専門店として根のある植物を「活ける」とは何か？ 考えた末にたどり着いたのは、持続可能性の追求でした。

蓮は仏教で輪廻転生《りんねてんしょう》のメタファーとして扱われる花です。古代から現代まで多くの人に愛され続けている点から持続可能性の象徴として採用しました。

「プランツケア」誕生

僕は開業時から購入した植物のアフターケアに取り組み、永年サポート保証をしています。当時の業界内では売りっ放しが常識でしたから、周辺からは随分と怪訝《けげん》な反応をもらいました。しかし僕にとっては、「持続可能性の追求」がコンセプトなので、至極当然の判断です。

まだスマートフォンもSNSもない時代でしたが、電話やメールを駆使して当時の環境なりに、できる限りのアフターケアから始めました。そうして日々寄せられる様々な悩みに応えているうち、段々と経験やノウハウが蓄積され、植物を安心して育てるための色々なサービスが具現化していきました。

PLANTS CARE
LINE相談
診断
出張
植え替え
定額制
コーディネート
下取り
REN
GOOD DESIGN
東京都公安委員会許可
第301092005154号 道具商
古物商
東京生花株式会社

異変を感じたら健康診断でお応えし、必要なら出張にも伺います。
育ち過ぎたり、土が劣化してきたら植え替えます。
引越し対応や長期の留守には「ホテル」としてお預かりします。
ご利用者のライフスタイルに合わせ、きめ細かに対応していましたが、当時はまだこれらのサービス群に名前はありませんでした。

時代が下り、スマートフォンが大衆化すると、ＬＩＮＥなどのメッセージアプリも普及しました。撮影やビデオ通話が手軽に利用できるようになったことで、健康診断のハードルも一気に下がりました。ＩＴも駆使しながら利便性を高めていくうちに利用者数は急増し、植物ケアを待ち望んでいた方々の口コミは広がっていきました。

そしてメディアでも度々紹介されるようになりました。

僕は徐々に、こうして高まった社会的ニーズの受け皿になるには、「植物ケアのサービス群」に固有名をつけた方が良いのではと考えるようになりました。「プランツホスピタル」「プランツドクター」「プランツレスキュー」など、ネーミング候補は様々ありましたが、どれもピンと来ません。

そうこうしているときに出会ったのが一冊の本でした。

「人間とは『ケアする動物』である」

哲学者の広井良典は『ケア学　越境するケアへ』（医学書院）の中で、人間は他の動物と比較すると際立って社会性が強く、それゆえ本能的にケアしたい欲求を抱えた動物であると言います。

そもそも「ケア」とはどういう意味でしょうか。

狭義では介護や医療などの具体的な行為をさします。また、ペットケアやシューケアもあるように、その対象は人間に限定されるものではありません。

広義では「何かを気遣う」という感覚的な意味を持ちます。

生き物でもモノでも、なんとなく愛《いと》おしく思っているとか、いつも気にかけているとか、そんなことが「ケア」の入口なんだと思います。

哲学に興味がない方でもマルティン・ハイデガーという名前を耳にしたことはないですか？ハイデガーは20世紀を代表するドイツの哲学者です。彼の代表的な哲学は存在論とも呼ばれ、極めて粗雑に言うと「人間が存在するとはどういうことか」を思索しました。

広井は『ケアを問いなおす』（筑摩書房）で、ハイデガーの思想を紹介しています。
それは、このような一節です。

「ケアが世界に意味を与える」

僕は数年前に、とあるメディアで取材を受けたときの出来事を思い出しました。
まだ肌寒さが残り、春の訪れを待ち望む2月末頃のこと。当社に到着し取材準備を進めるライターさんとカメラマンさんと世間話をしていたときに、カメラマンさんが言いました。

「来る途中にあった坂道の桜が綺麗《きれい》でした！　こんなに早く咲くものなんですね」

「そうそう！　あれは河津桜といって、ソメイヨシノよりもピンク色が濃くて、早咲き品種の代表格なんです。咲き始めでも十分な存在感がありますよね！」

ちょうど数日前に開花を確認していた僕も、その話題に嬉《うれ》しくなりました。
ところが、道に迷って焦りながら地図アプリを見ていたライターさんは、その桜には気づいていませんでした。

「あれ？　あの坂道に桜なんて咲いていましたっけ？」

ふと蕾《つぼみ》のほころびが気になって「ケア」したことで、カメラマンさんにとって坂道は鮮やかなピンクに彩られ「春の訪れ」という意味を持ちました。

一方、地図アプリに没頭していたライターさんにとっては、行く手を阻む無機質な坂道のまま。もちろん、それは遅刻できない責任感からくるもので、至極真っ当な行動です。

しかしこの経験は僕の琴線を僅《わず》かに揺らしました。

「ケアが世界に意味を与える」という一節を見たときに、あの日の気づきはこれだったのかと膝《ひざ》を打ちました。


この世界は最初から意味あるものとして存在しているのではなく、僕たちがケアすることによって初めてそこに意味が生まれる。ケアのない世界は空白と同じで、どんなに美しい花が咲いていても、そこにケアがなければ存在論的には存在しない。

言わば、ケアこそが世界を世界たらしめている、僕はそのように読解しました。


観葉植物は人間によるケアが欠かせません。

人間もまた、ケアしないではいられない動物です。

そしてこの世界は、ケアによってこそ意味が生じます。

人間にとって観葉植物は「世界を有意味にする存在」と言えるのかもしれません。

こうしてケアという言葉の奥行きに魅せられ、「植物ケアのサービス群」は2018年に晴れて「プランツケア」と命名されました。

植物の超越性に学ぶ日々

10代から園芸道に邁進《まいしん》し、朝から晩まで飽きることなく植物をケアし続けて約20年が経《た》ちます。日々向き合う中で、その生を深く知れば知るほど、植物が持つ超越性には驚きを禁じ得ません。

近年の研究では、植物は動物以上の認知機能を持ち、「記憶」もすれば「移動」もすることが明らかにされています。そればかりか、自律的に問題解決を行う「知性」が備わっていると指摘する科学者もいます。植物間の「協働」はおろか、虫や微生物とも相互に利用し合い、豊かな「社会」すら築いていると。

ますます混迷を極めるこの世界で、人間がより良く生きるためには植物の生から学ぶべきことだらけです。植物の生を理解することは、人間の生を理解することにも繋《つな》がるのではないでしょうか。そういった僕なりの視点もエッセイで紹介します。

本書は、観葉植物の健康寿命を延ばす基本のケアから、「見た目」を美しく整える美観のケアまで、皆さんがご自宅で再現できるように全てお伝えします。

植物は必ずしも教科書通りにはいきません。

だからこそ、業歴１００年の園芸店に生まれ育った、一介の園芸家の経験が役立つと信じています。

そして、皆さんが植物の生に興味を抱き、理解するためのヒントにもなれば幸いです。

それではさっそくプランツケアを始めましょう。

CONTENTS

第3章 ケア入門 上級編 ——美観のケア

ブックデザイン　アルビレオ
装画・漫画　厳男子
本文イラスト　山田聖貴（REN）
　澤ひかり（REN）
5-16P写真　片桐圭（リンガフランカ）
本文写真　山田聖貴（REN）
本文DTP　朝日メディアインターナショナル
校正　株式会社ぷれす
編集　栗原つむぎ（サンマーク出版）

第1章

ケア入門
初級編

基本のケア

「管理の基本を知る」ことが目的です

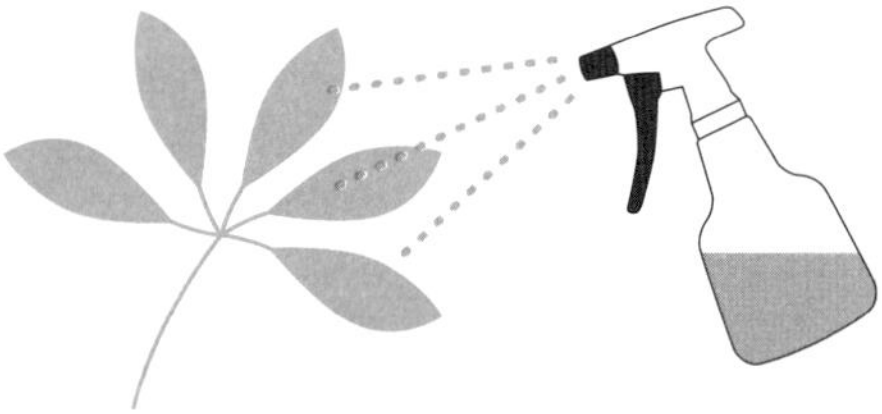

憧れの植物との暮らし

観葉植物を買ってみた
暮らしに植物がある生活は憧れだったのよね
植物と暮らすのは初心者だけどきっと大丈夫
とにかくたくさんお水をあげて
ドパァッ
たくさん日光を浴びさせて
カッ
特等席も用意したから

あの
その植物
そのままだと枯れちゃうかもしれませんよ
えっ!?
誰!?
僕はプランツケアのスペシャリスト川原伸晃です
これからプランツケアの真髄を伝授します

ケアに適した品種

そもそも「観葉植物」と聞いて、どんな品種を思い浮かべますか？

パキラやガジュマル、最近では多肉植物やエアプランツなど、人によって多種多様ではないでしょうか。

実は植物店によってもその解釈は様々ですし、インターネットの情報も千差万別です。「観葉植物」という呼び方は定着しているのにもかかわらず、世間一般の共通認識はありそうでないのが実態です。

そこで、まずは本書で扱う観葉植物を定義することから始めます。

なぜ、わざわざ定義が必要なのか？　それは本書のテーマである「ケア」を重視したいからです。

本来持つ生命力を全うすれば、観葉植物は人よりも長生きします。

100年生きるには正しいケアが不可欠で、最適なケアを追い求めると専門分化は避けられません。犬と猫と鳥と爬虫類《はちゅうるい》はそれぞれが全く異なる生き物であるように、亜熱帯性植物（ゴムノキなど）と熱帯性植物（ブロメリアなど）、多肉植物（サボテンなど）、着生植物（ビカクシダなど）は似て非なる植物だからです。

人間の暮らしに最適化した植物

僕は観葉植物を「亜熱帯性植物」と定義しています。品種で言うと、ゴムノキ・パキラ・ガジュマル・ポトス・サンセベリア・モンステラなどをさします。詳しくは、第4章の「植物別ケア」にある品種名をご確認ください。

「亜熱帯」とは一般的に熱帯と温帯の間をさします。高温の夏と穏やかな冬、年間通して10〜30度程度の気温です。イメージとしては沖縄や台湾など、暑過ぎず寒過ぎない地域を想像してください。

更にRENでは亜熱帯性植物の中でもシダ植物や着生植物は除外して、特に育てやすい品種だけに絞って扱っています。この立場は植物店としては非常に稀有《けう》なものです。

観葉植物は室内で育ちます。

お庭やベランダは不要ですし、部屋の大小や戸建て・集合住宅などの形態も問いません。老若男女を限定せず、大掛かりな力仕事も不要です。

更には観賞の目的が葉や枝なので、花や実をつけるための難しい栄養管理も専門知識も不要です。全ての人にとって最も普遍的な園芸、言い換えると、人間の暮らしに最適化した植物が「観葉植物」なのです。

珍奇種のジレンマ

植物を育てることが不得手な人に対して、よく「サボテンすら枯らす人」と揶揄《やゆ》する光景を目にします。本人が自虐的に言う場合も多いですよね。

しかし実はこれ、全く揶揄になっていません。なぜなら日本で多肉植物を育てることは簡単ではないからです。

植物管理の基本は、自生地を想像して生まれ育った環境に近づけることです。

それを念頭に置けば、乾燥地帯で生まれ育った多肉植物を日本で上手に育てるのは、いかにハードルが高いか想像がつくかと思います。

犬でたとえてみましょう。中東の人々がモフモフの秋田犬を砂漠で飼育する困難さを想像してください。ここにジレンマが生じます。珍しく魅力的な品種だと感じるほど、その植物は遥《はる》か遠くの異国からやってきていて、日本の環境には適合しにくい品種です。

流行《はや》り物が大好きな日本では重宝がられる珍奇種も、皮肉なことに、自生地ではそこかしこで繁茂するありふれた雑草だったりします。

昨今の園芸業界では空前の珍奇植物ブームが起きています。しかし、一部の愛好家を除き、一般家庭で珍しい植物を長期にわたって上手に育てることは極めて困難です。これは当社が100年の業歴で様々な植物を扱ってきた結果、たどり着いた結論です。

かくいう僕も、珍奇植物が嫌いなわけではありません。自宅では珍しい植物も多く育てています。中でもマダガスカル原産のパキポディウム・グラキリスとオペルクリカリア・デカリーは大のお気に入りです。近年、特に人気の高い塊根植物です。隆起していく太い幹が魅力で、ずっと眺めていても見飽きることがありません。

趣味として責任を取れる範囲で楽しんでいます。

しかしケアを重視するRENで、ケアの責任を取ることが難しい珍奇植物を商品として扱うことはこの先もないでしょう。

本書の目的は観葉植物を枯らさずに、長く一緒に暮らしていくことです。

そのためには適した品種があるということを、あらかじめお知りおきください。

COLUMN

なじみのない「花《か》卉《き》」

栽培植物は大きく「農作物」と「園芸作物」に分かれます。極めて大雑把な説明ですが、農作物の大半は「主食になる植物（普通作物）」です。一方、園芸作物は野菜や果物、草花をさし、この草花を園芸学では「花卉」と呼びます。「卉《き》」という字は多くの方にとってなじみがないかと思いますが、草木を意味します。

作物的分類

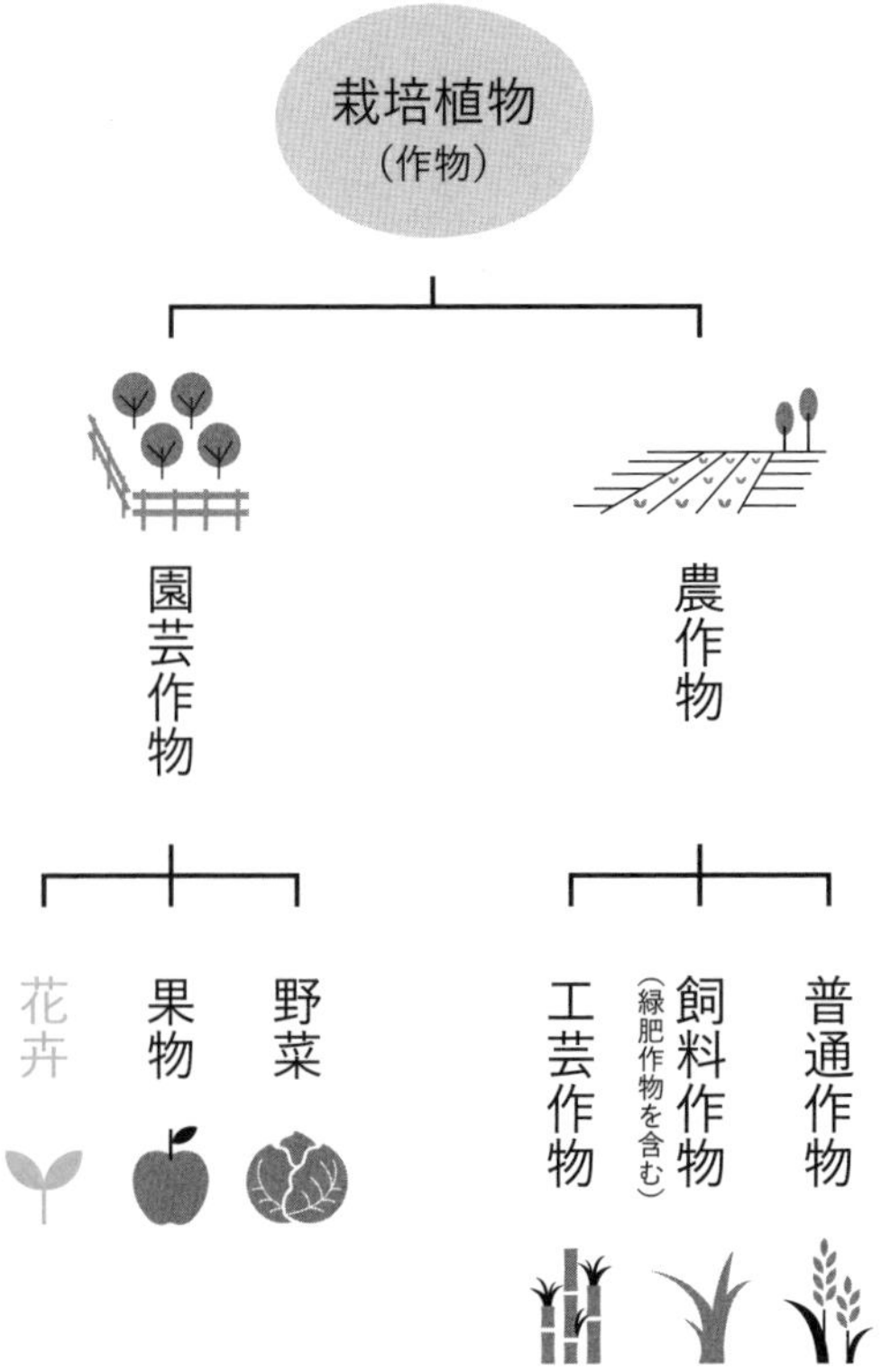

花卉の「卉」は
草（草木）を意味する

花卉園芸には、ガーデニングから盆栽、フラワーアレンジからいけばなまで、根っこの有無にかかわらず、花卉の栽培・利用が広く含まれます。観賞を目的とした人間と植物の営み全般をさすので観賞園芸とも呼ばれます。このように多種多様な観賞用植物を含むことが、「観葉植物」の定義を難しくしています。

花卉園芸的分類

環　境

自然界の「当たり前」を鉢植えで
再現することがプランツケアの基本です。
最初の一歩は植物の自生地を想像し、
生まれ育った環境に近づけてあげること。
亜熱帯育ちの観葉植物にとって、
理想的な環境は「明るい室内の、
風通しの良い、暖かい場所」です。

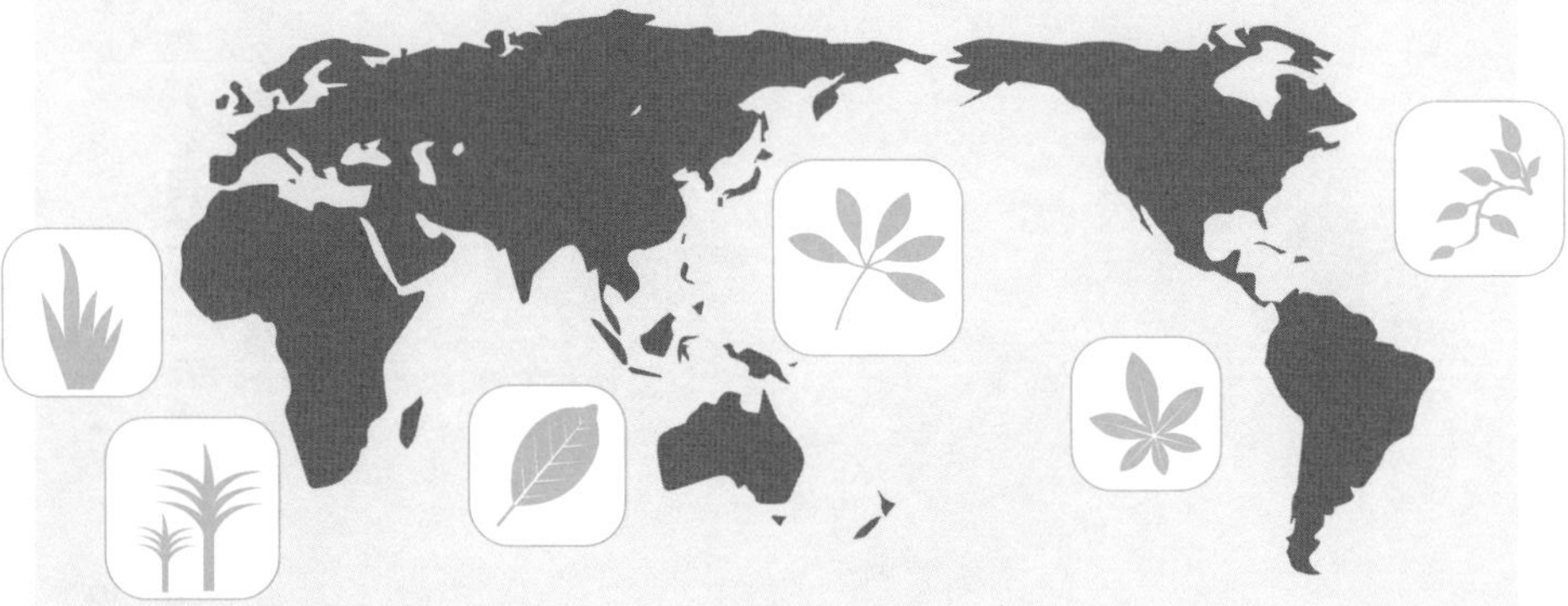

多くの観葉植物が亜熱帯に自生する

植物も僕たちと同じ生き物です。居心地の良し悪しを敏感に察知し、健康状態に大きく影響を及ぼします。でも難しく考える必要はありません。人間が感じる快・不快とほとんど同じだと思ってください。

では人間にとって、理想の屋内環境とはどのようなものでしょうか。厚生労働省の環境衛生管理基準によると「温度18度以上28度以下」「湿度40％以上70％以下」と定められています。この基準が満たされた環境は観葉植物にとってもパーフェクトです。

僕たちは朝、目が覚めると太陽が恋しくなり、窓を開けて新鮮な空気が吸いたくなります。そしてポカポカと暖かい部屋でくつろぎたくなります。観葉植物も同じことを考えています。ケアの最も基本となる要素は、**日光・通気・温度**の3点です。

三大要素

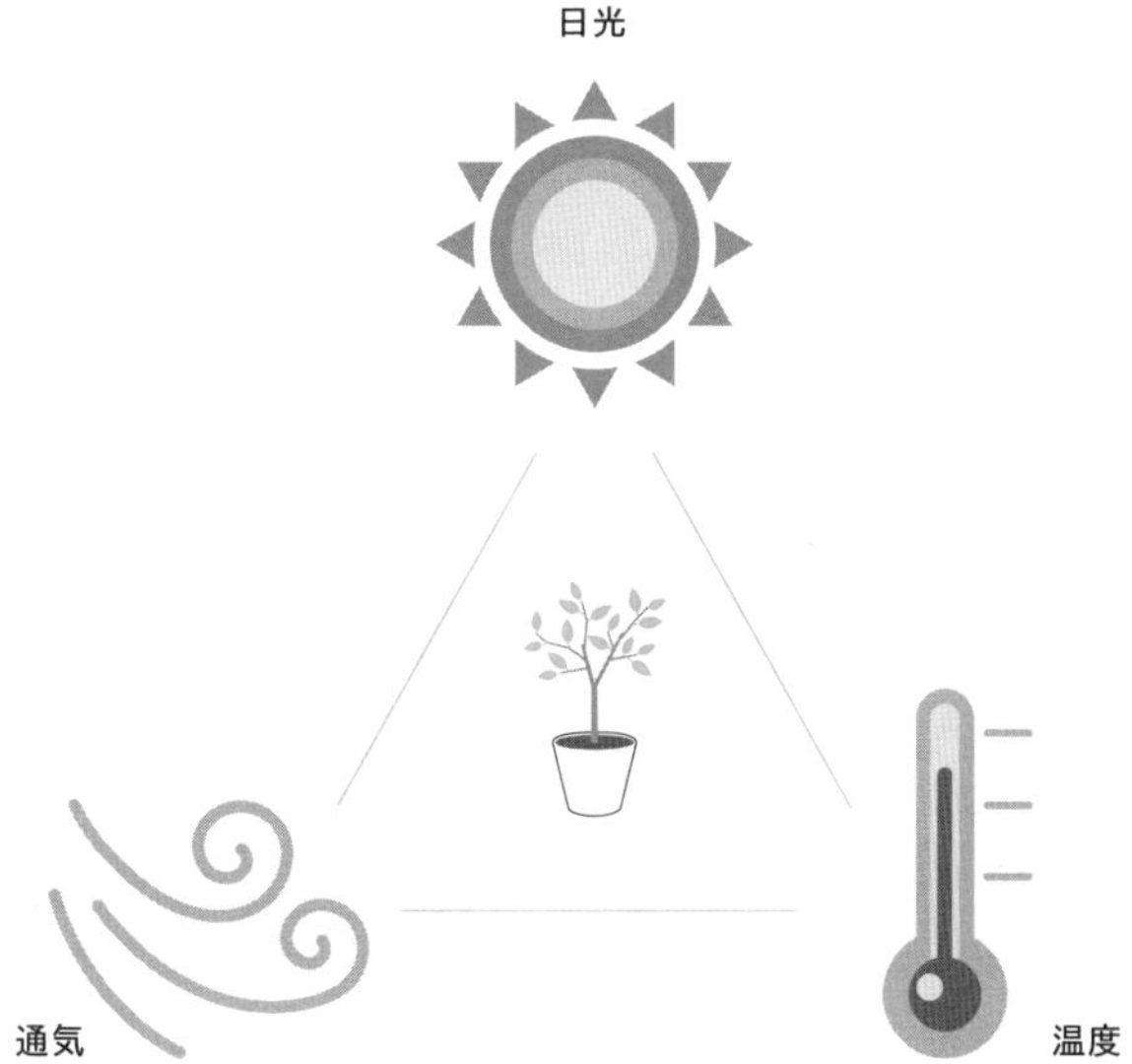

日光　日中に読書ができる自然光

日光は光合成に不可欠です。そのため自然光が入る窓のある環境が必須になります。しかし直射日光である必要はありません。目安として「日中に自然光で読書ができる場所」であれば多くの品種が生育可能です。

そもそも植物は、強い光を好む陽生植物と弱い光を好む陰生植物に分かれます。前者はイネやコムギや多肉植物など。観葉植物はその多くが後者で、沖縄の森林のような環境を好みます。強い直射日光は逆に葉を傷めてしまうので、柔らかい間接的な日光が望ましいです。

最低限必要な光を照度で言うと、500～1000㏓(ルクス)くらいが目安になります。JIS(日本産業規格)の定める照度基準では、人間が食事をするには300㏓以上、読書をするには500～1000㏓が適しているとされています。植物も人間も、快適に感じる光量は大体同じくらいです。

明るく、暖かい場所を好む

沖縄の優しく日の入る木陰

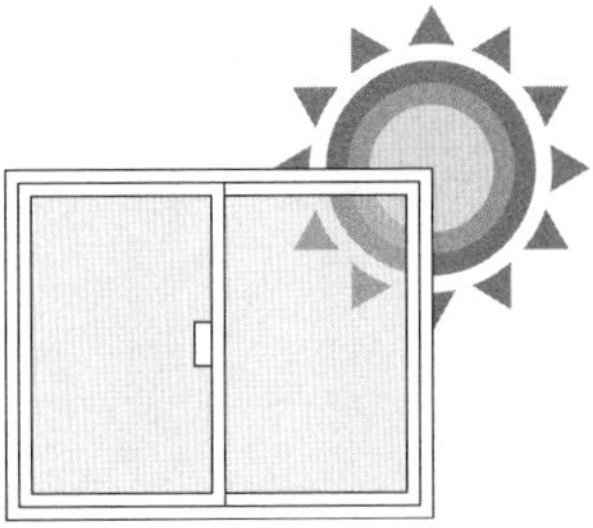

日光の入る空間で管理する

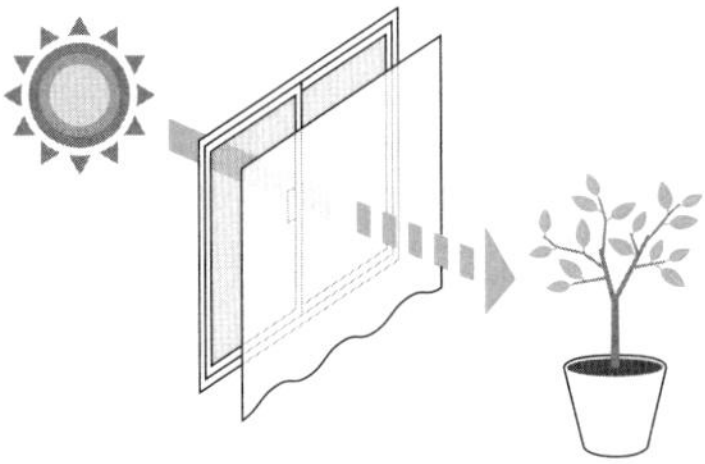

強い直射日光はレースのカーテンで軽減する

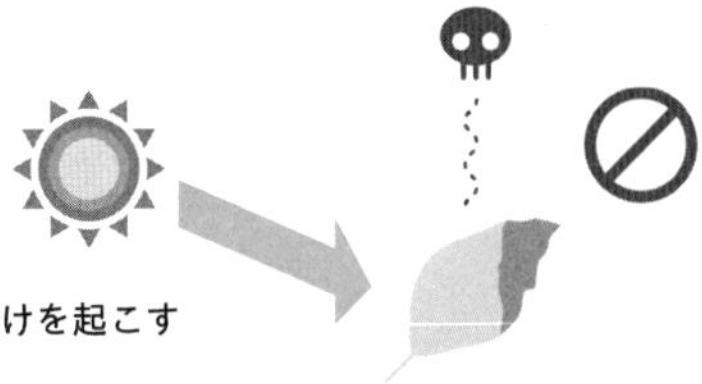

強過ぎる直射日光は葉焼けを起こす

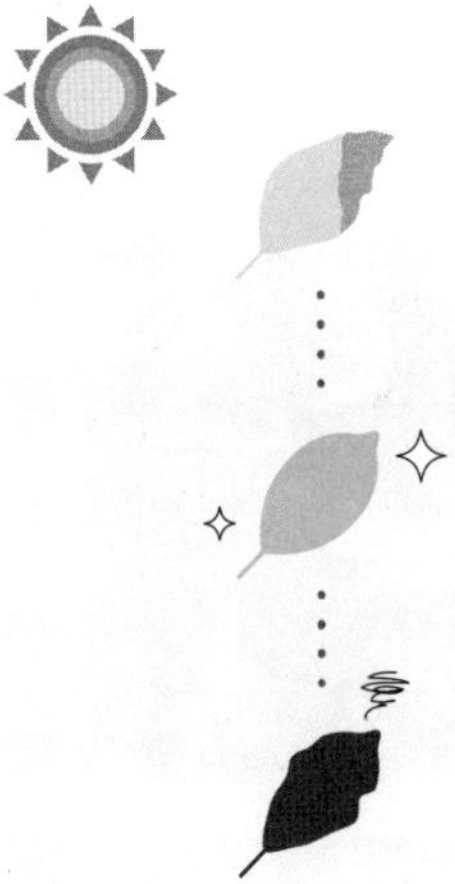

	照度 (lx)	場所のイメージ
	100,000	屋外　晴れ
	10,000	屋外　曇り
	5,000	屋外　雨天
	2,500	室内　快晴の自然光
最低限必要な照度	1,000	室内　オフィス照明
最低限必要な照度	500	室内　住宅照明
	300	室内　廊下照明
	100	室内　薄暗い地下

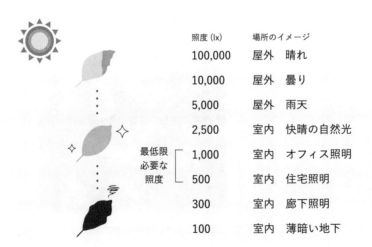

自然光がないときは？

自然光の確保が難しいときは、植物育成用LEDライトの使用をおすすめします。一般的な室内照明用LEDとは異なり、植物育成に特化して調整されているものです。ひと昔前は植物工場などで使われる業務用ばかりでしたが、ここ数年で一般家庭用の商品も数多く普及してきました。リーズナブルな価格でインテリアになじむデザインも多くあります。インテリアショップなどでも販売されているので手に取りやすくなりました。

引用：https://www.barrelled.net/

COLUMN

光合成って？

光合成は植物にとっての「食事」で、太陽エネルギーを使い、二酸化炭素と水から酸素と糖質（ブドウ糖など）を作る反応です。動物が餌から栄養を摂取するように、植物は光合成によって自ら栄養を作り出します。多くの場合、室内照明などの人工光源では光合成に不十分です。原因は光の波長の種類にあります。太陽光は様々な波長の光を含み、特に光合成を促す光は、青色光（430-450nm）と赤色光（630-690nm）だと言われます。これらの波長は、室内照明で用いられるLEDや白熱灯、蛍光灯には十分に含まれていません。やや大げさに言うと、植物にとって青と赤以外の波長の光は見えていないも同然なのです。

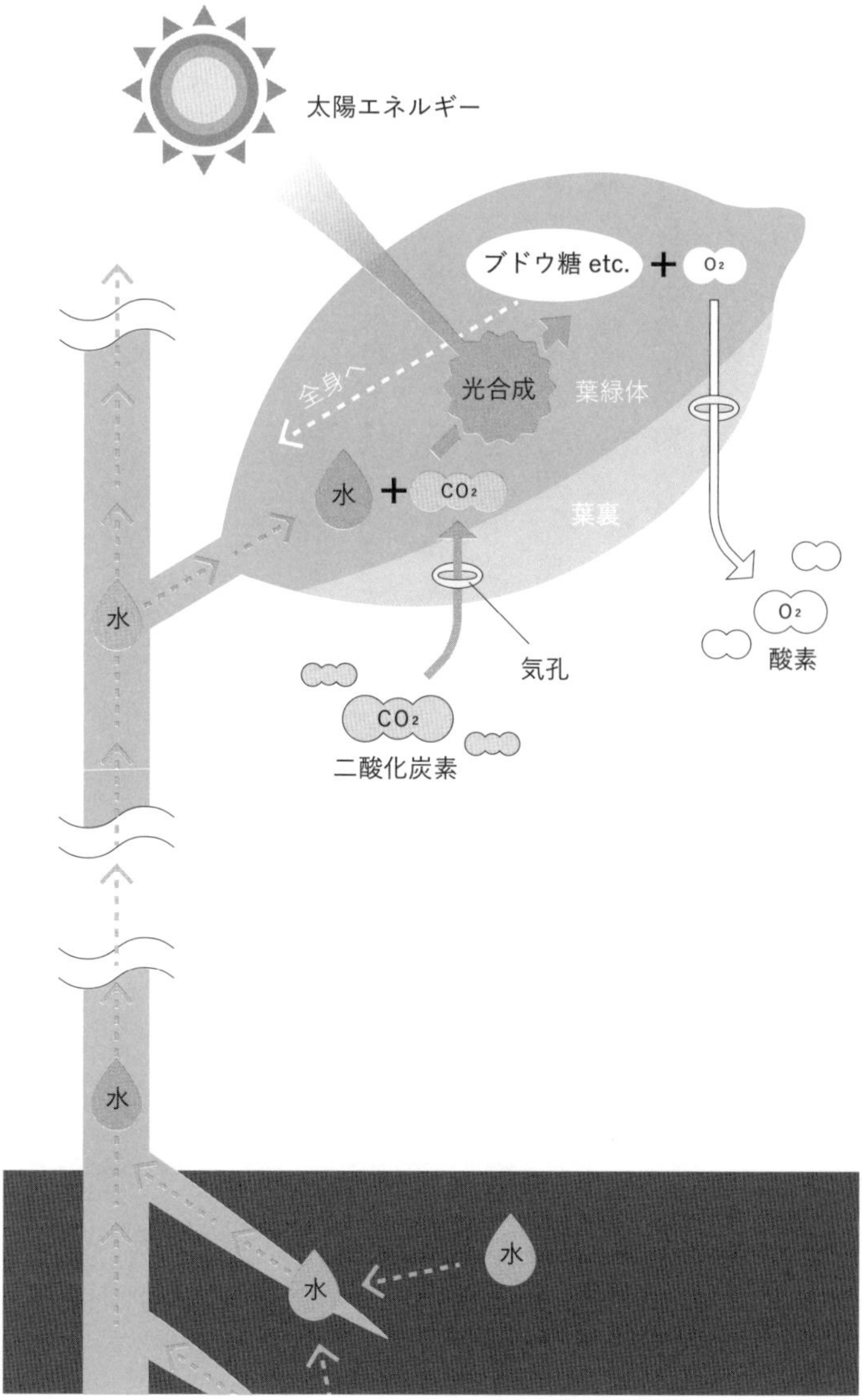

光合成の仕組み

通気　ゆるやかな空気の流れ

今、植物を育てている方は部屋のどんな場所に置いていますか？　壁で囲まれた隅や、棚の中に飾っていませんか？

盲点になりがちですが、植物の育成にとって「風」は非常に重要です。自然界では風によって植物に新鮮な空気が運ばれ、光合成に必要な二酸化炭素が供給されます。自然界に完全な無風状態はほぼありませんよね。それが全てを物語っているように、通気が悪いと植物の健康にも悪影響を及ぼします。

植物が病気になる原因の約9割はカビと言われます。通気が悪いとよどんだ空気が溜《た》まり、カビも発生しやすくなります。そして、いずれは光合成も阻害されます。適切な換気によって息苦しさが解消されるのは人間も植物も同じです。

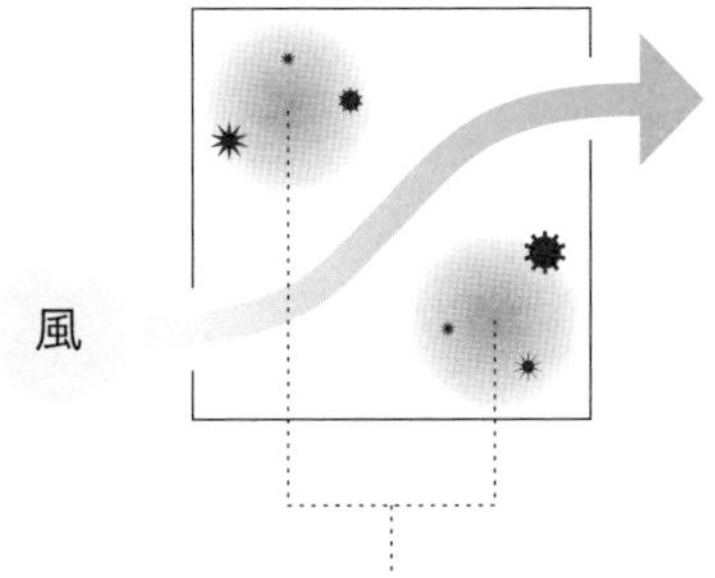

窓から離れた部屋の角の
空気は動きづらい

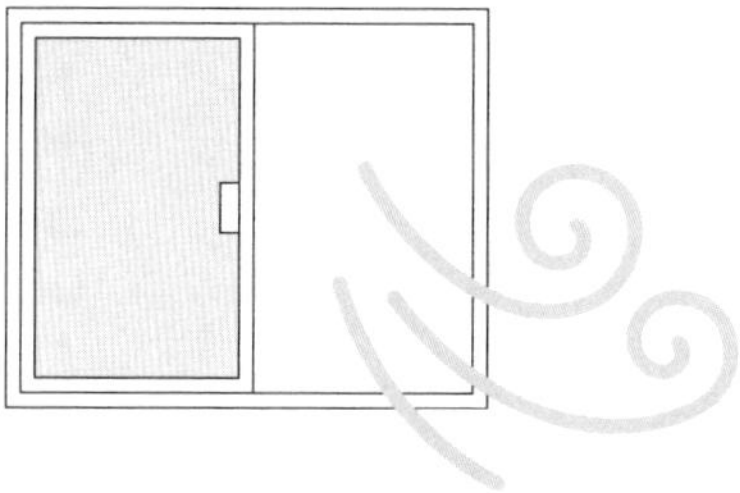

窓を開放し小まめに換気を行う

お部屋の隅など
空気の滞る場所は避ける

本棚の中など、囲まれた空間は避ける

サーキュレーターの活用

窓がない、または窓が開けられない部屋ではサーキュレーターが活躍します。扇風機とは異なり、直線的な風が遠くまで届くことが特徴です。換気扇とも併用すれば部屋中の空気が循環し、湿度や温度まで均一に整います。人間にとっても、エアコンの補助や感染症対策に有効です。注意したいのは植物に風が強く当たること。強過ぎる風は葉から水分を過剰に奪い、水枯れを引き起こします。葉がそよそよと快適そうにそよぐくらいをイメージしてください。秒速1m程度の風速が理想と言われます。

COLUMN

植物の呼吸

植物も動物と同様に呼吸を行います。大気や土壌から取り入れた酸素で、植物細胞が細胞呼吸して、二酸化炭素を吐き出します。光合成は日中しか行われないのに対して、呼吸は日中と夜間にも行われます。通気の重要性を理解するには「光合成のために二酸化炭素が必要」と考えるより、「呼吸もしているから通気が必要」と考える方が分かりやすいかもしれません。通常、植物は光合成で吸収する二酸化炭素と排出する酸素の方が、呼吸で吸収する酸素と排出する二酸化炭素よりも多くなります。子どもの頃に「植物は二酸化炭素を吸って酸素を出す」と教わるのはそのためです。葉の裏には「気孔」という穴があって、呼吸や水蒸気を放出する「蒸散」はここで行われます。植物にもよりますが、気孔の数は1㎟に100個以上あり、膨大な数の気孔が日夜呼吸を続けています。

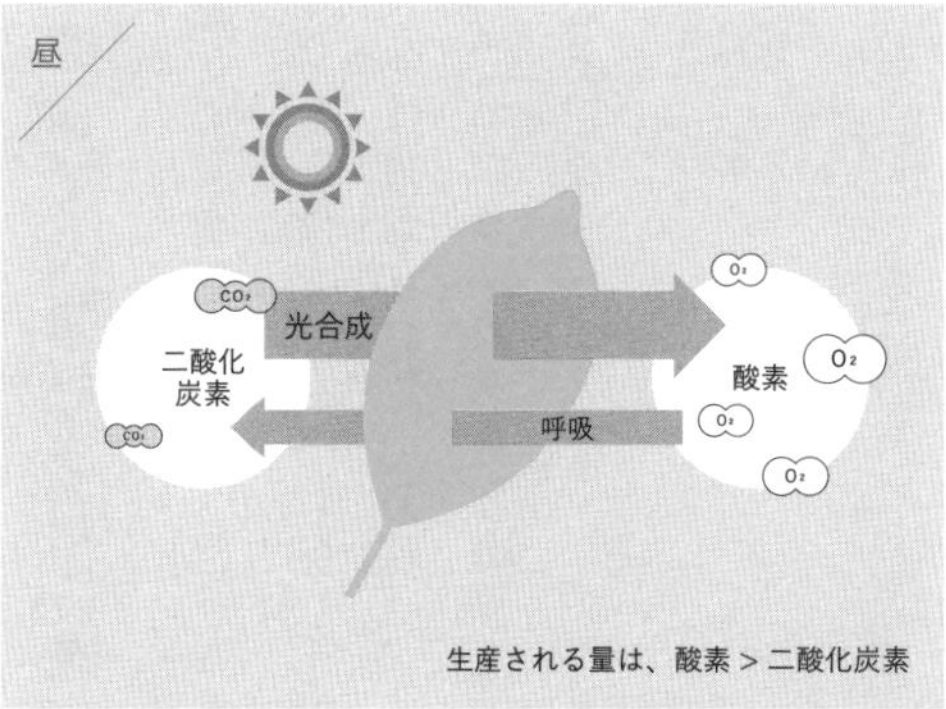

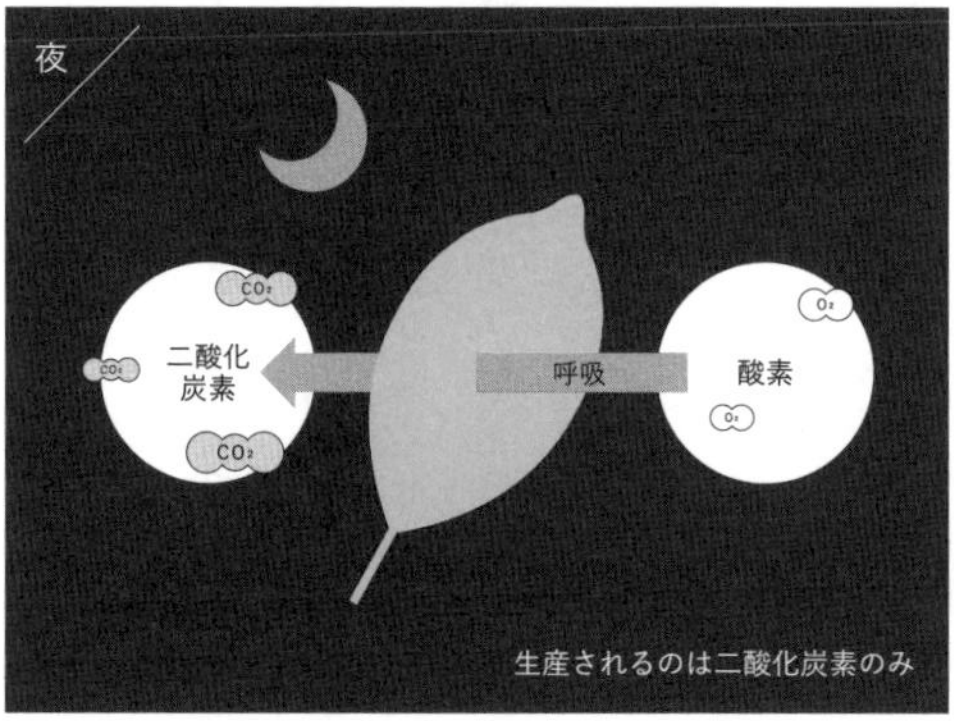

温度　1年を通して人間が快適に過ごせる温度

観葉植物は暑過ぎず寒過ぎない温度を好みます。20〜25度が最適で、昼夜維持できれば室内でも季節を問わず成長します。暑さに強いと誤解されやすいのですが、30度に迫れば成長は止まります。また、冬は最低10度以上あれば、ほとんどの品種が落葉せずに越冬します。

観葉植物にとってエアコンの熱風と冷風は大敵です。風向きを調整し、絶対に直風が当たらないように注意しましょう。

観葉植物は温暖な環境を好む

冷暖房の風は
直接当たらないように

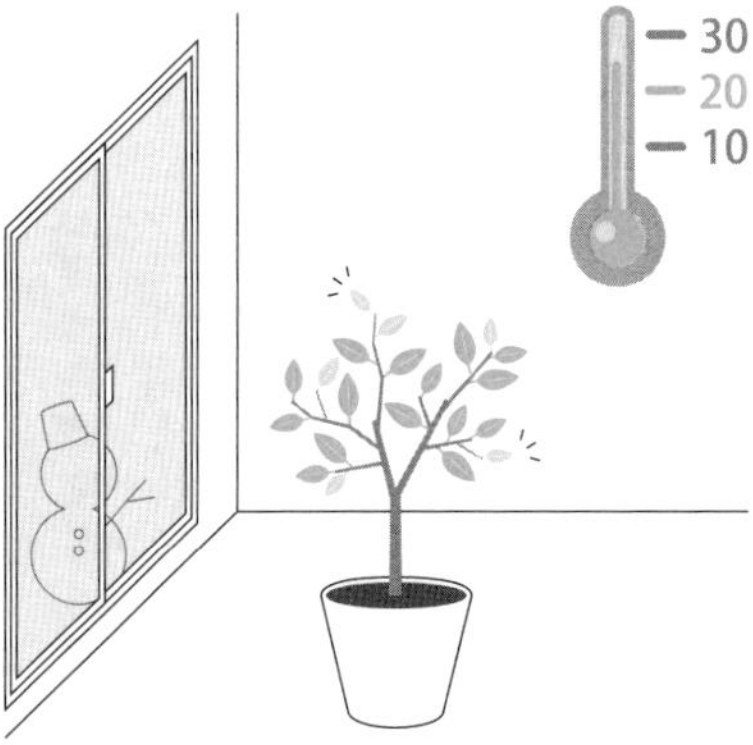

気温が20度以上あると
季節を問わず成長する

変化がストレスになる植物たち

多くの観葉植物は温度や環境の急な変化を嫌います。そのため、一度、定位置を決めたらなるべく同じ環境を保つと健康状態が安定します。よく、天気のいい日に日光浴をさせようと鉢を移動する方がいます。気持ちはとても分かるのですが、頻繁な移動は逆効果になります（例外的に、植物が著しく弱っているときは、一時的な日光浴が健康状態を改善する場合もあります）。

でも、いつも同じ向きばかりが日光に当たっていると、成長が偏らないか不安になりますよね。植物全体に満遍なく日光を当てるための「転回」については、P.86で詳しく説明します。

新しい観葉植物を購入したときなど、大きな環境の変化で一時的に落葉することがあります。これは新しい環境に適応するための防衛反応のような習性です。しばらくして植物が慣れると、その環境に適応した新しい葉が生えてきますのでご安心ください。

ただ、あまりに落葉が激しい場合は環境が合っていない可能性もありますので、設置場所の見直しが必要です。

そもそも植物は
急に移動しない生き物

土壌

僕は「土」と「土壌」を区別していて、
「土」は岩石が風化したもの、と定義しています。
一方、
「土壌」は生物の住処《すみか》となり植物育成に適したもの、
と定義しています。
植物を含む様々な生物の基盤となるのが
「土壌」なのです。
土壌は微生物の活動によって「熟成」し、
多種多様な生物を育みます。
土壌そのものがある種の「生命」と言っても
過言ではなく、園芸において、
土壌の重要性は語りつくせません。
園芸のための土壌は「用土」と表現します。
※論者によっては「土」と「土壌」を区別しない場合もあります。

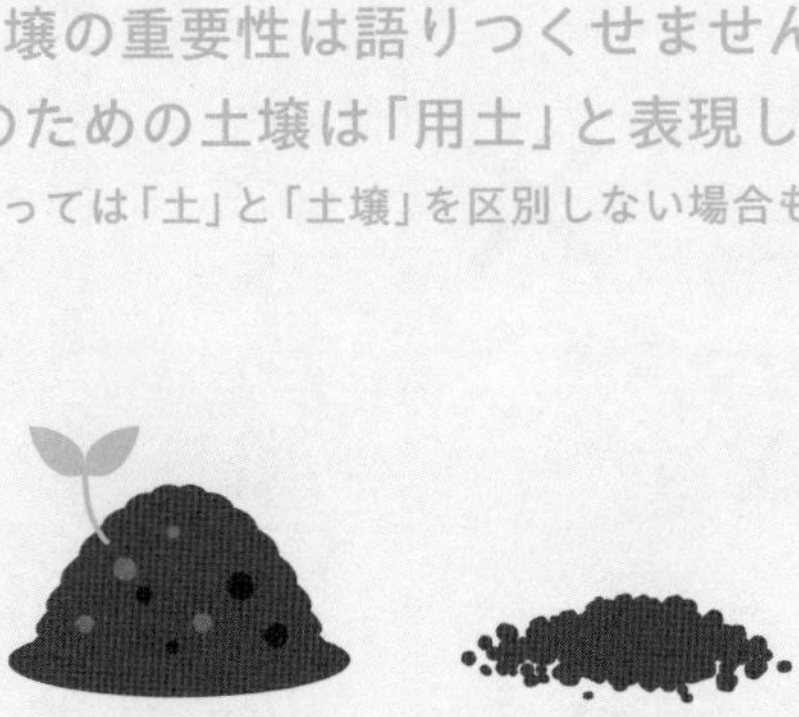

土壌　　　　土

前述の通り、街中の園芸店などで購入した観葉植物は、その多くがプラ鉢に植わっています。プラ鉢には必要最低限の「土」しか用いられていないことが多く、用土の肥沃さを表す「腐植」がほぼ含まれていません。植物が本来持つ生命力を発揮できないように「リミッター」がかけられている状態です。

では、どうしたら良いのでしょうか？

プラ鉢の植物を買ってきたらなるべく早く植え替えることです。

その際に重要なのは、**①団粒構造**・**②微生物**・**③腐植**。植物が長期的に健康に育つには、この3要素が必須です。順番に見ていきましょう。

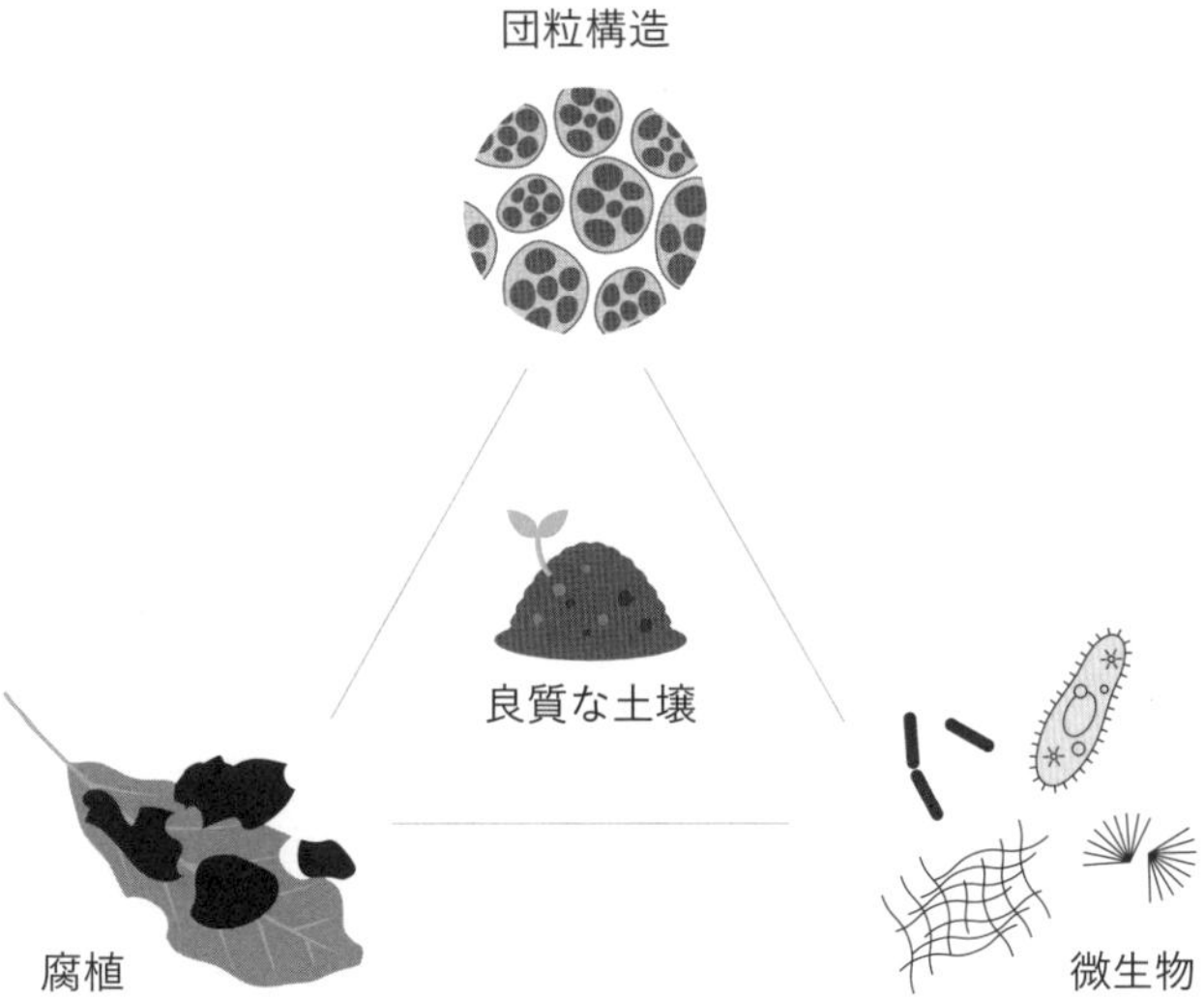

土壌をフカフカにする団粒構造

団粒構造とは、様々な土の粒が混ざって適度な団子状になり、大小の隙間がたくさんある構造です。それによって、保水性（水もち）・排水性（水はけ）・通気性に優れ、バランスの取れた理想的な状態になります。土壌は団粒構造だとフカフカになり、根の張りや植物の育成にも大きく影響します。土壌の保水性と排水性は一見すると相反する性質のようですが、団粒構造ではこの2つが両立されます。

一方、砂などの細かい粒で均一に配列された単粒構造だと、土壌はカチカチに硬くなりがちです。排水性には優れますが、保水性はほぼなく、通気性にも乏しくなります。

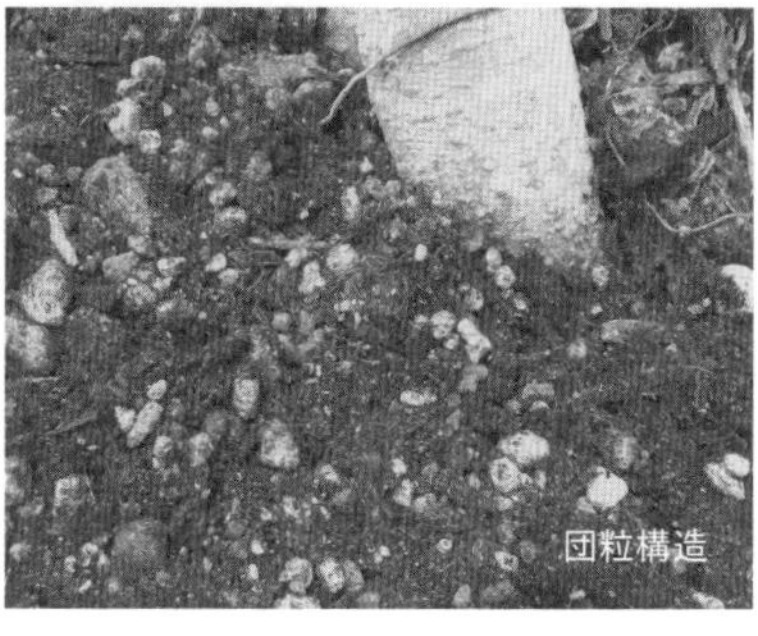

単粒構造

団粒構造

土壌の鍵は「多様性」

RENでは多種多様な材料を最適な分量で配合し、鉢の中に様々な機能を持った土壌環境を作っています。

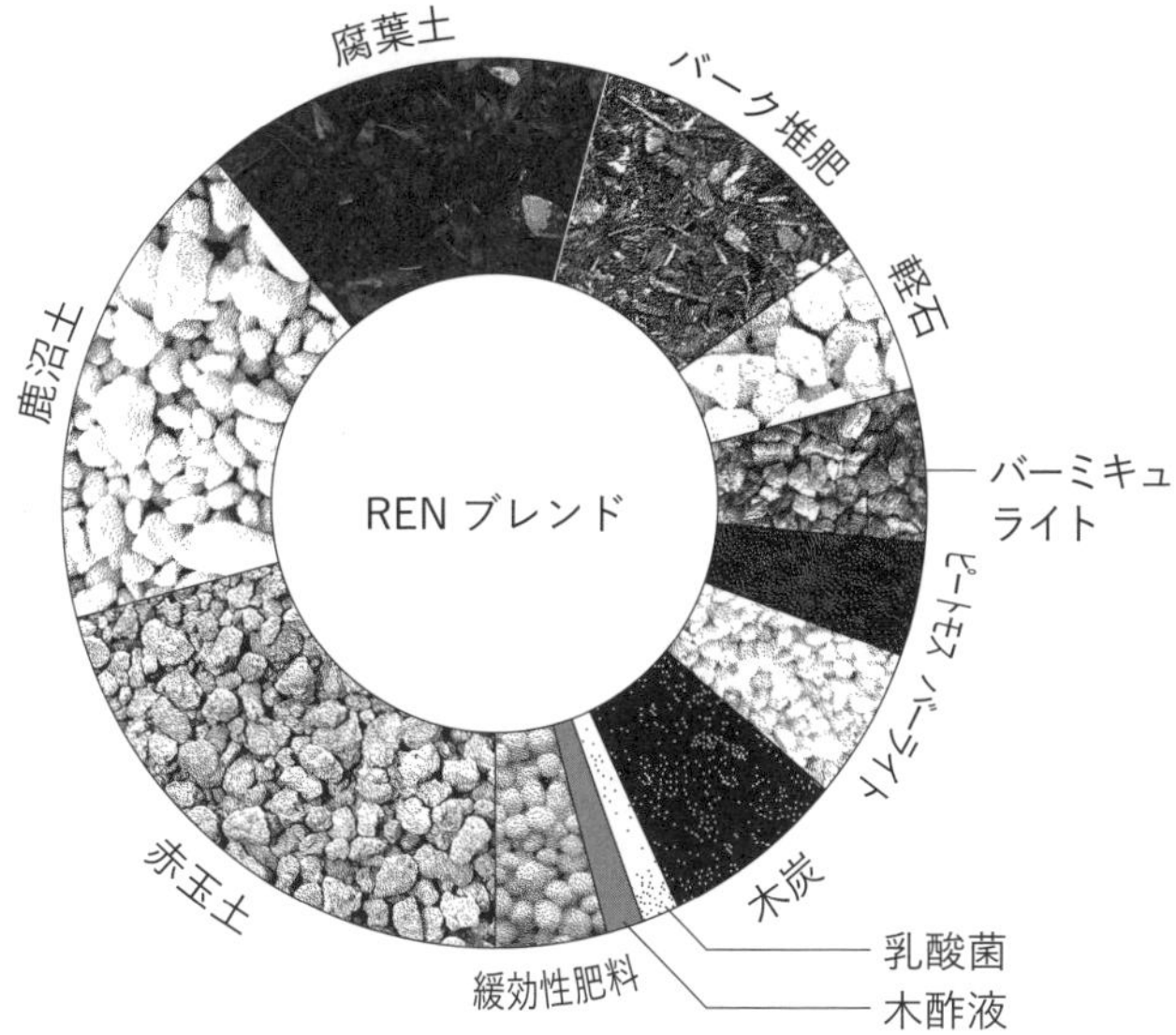

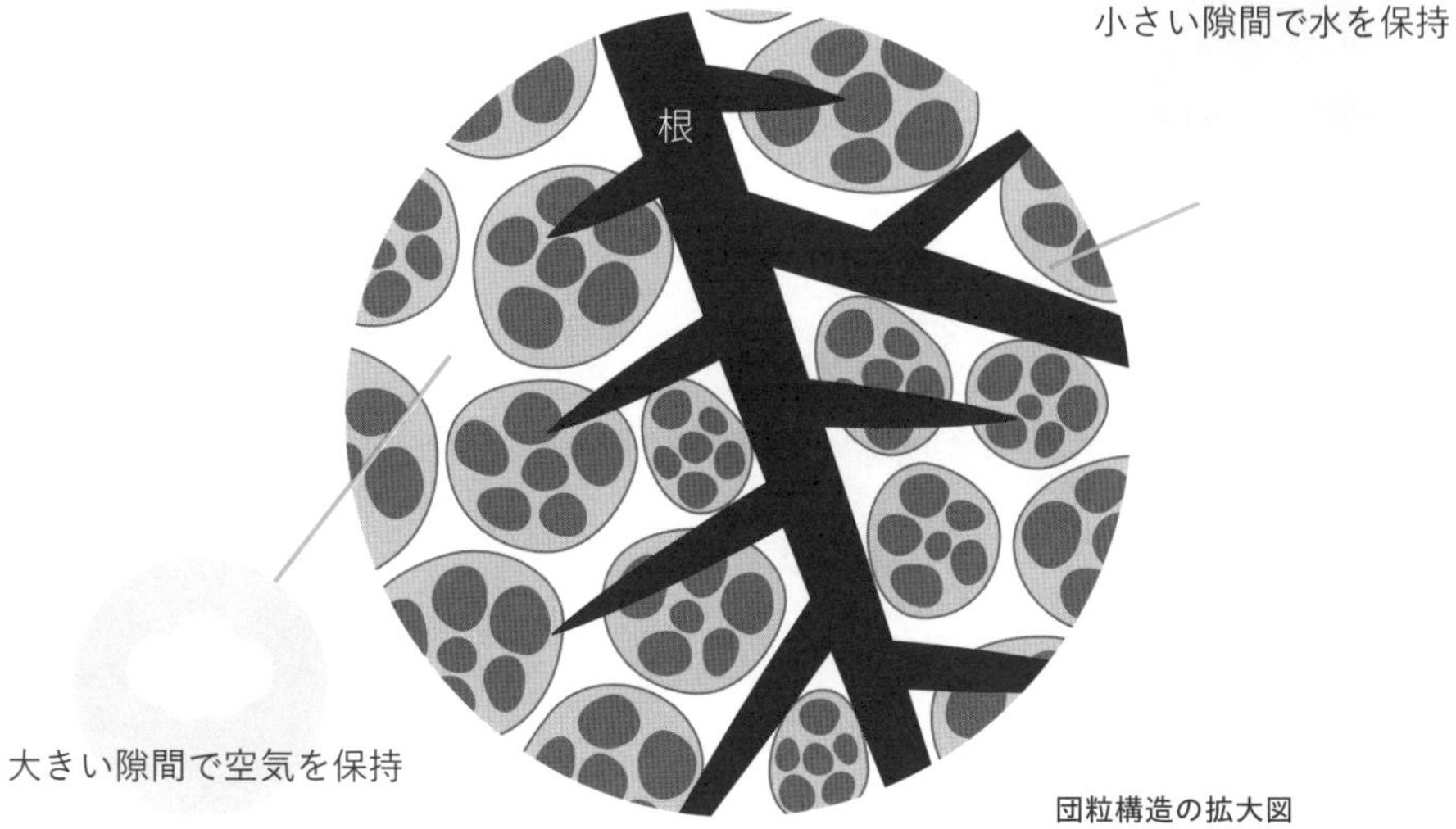

団粒構造の拡大図

根の大半は微生物？

1gの土壌には1億個・数万種の微生物がいると言われます。軽く一握りしただけの土壌には、地球上の人口以上の微生物が住んでいるのです。

実は植物にとって、土壌微生物は欠かすことのできない重要なパートナーです。多様性に富んだ土壌微生物が活性化することで、初めて植物は健康に成長できます。

プランツケアにとって、微生物がどれほど重要な役割を果たすのか、微生物コミュニティの研究者、伊藤光平氏にも話を伺いました。P.196から始まる対談を読んでいただくとより理解が深まります。

私たちが根だと思っている部分のほとんどに微生物は共生しています。

それらは根と共生する微生物、「菌根菌」です。

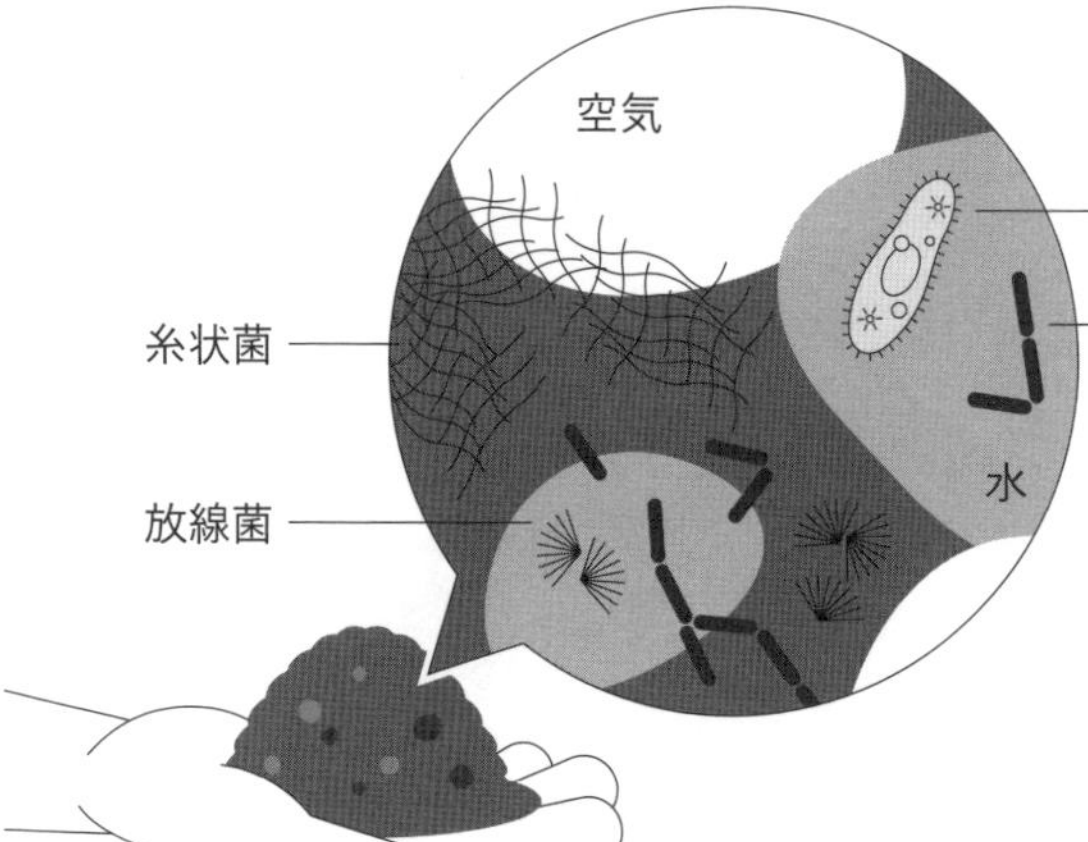

菌根菌が多く共生している根

菌根菌の菌糸の太さは0・005mm（5μm）でクモの糸と同じくらいだと言われます。短いものだと肉眼ではほぼ確認できません。菌根菌が多く共生する根はたくさんの土を絡めとります。どっさりと土が付着している根を見ることで、そこに菌根菌の存在を感じることができます。

菌根菌は、菌糸を根の細胞内に侵入させ糖分などを獲得します。他方で、土壌に伸ばした菌糸から養分や水分を吸収し植物へ供給します。

特にリン（植物の必須栄養素のひとつ、細胞を作る主要な成分）は、植物が土壌から吸収することが難しく、菌根菌の働きに大きく依存しています。更に、窒素（植物の必須栄養素のひとつ、タンパク質を作る主要な成分）も土壌微生物の働きにより分解され、有機態から無機態へ変化することで植物が吸収しやすい状態になります。

植物と微生物は、互いに利用し合い、依存し合いながら共生しています。

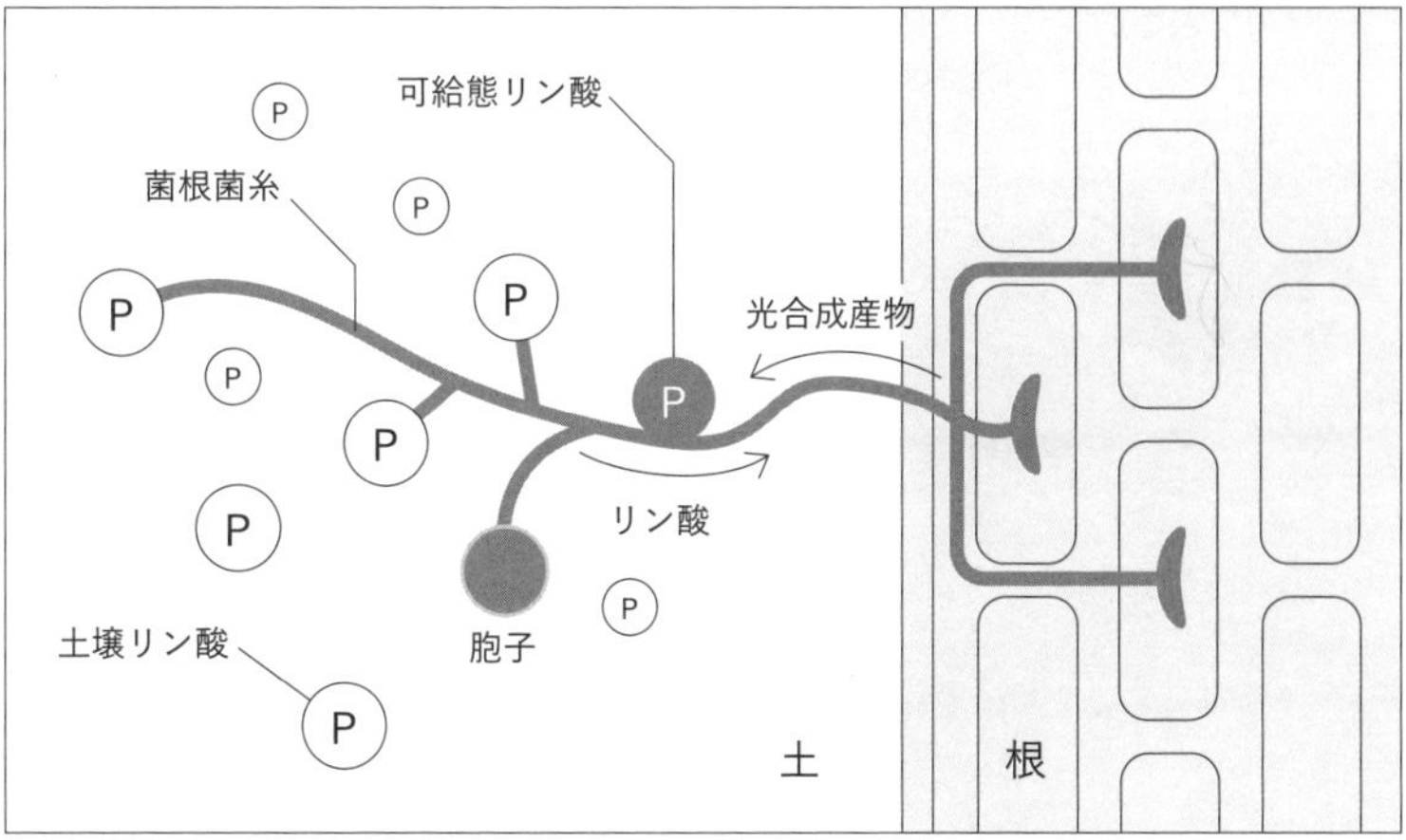

土壌中のリン酸を溶かして宿主植物に供給し、
植物からは有機物をもらう

「肥沃」な土壌に欠かせない腐植

腐植とは文字通り、植物が腐ったものです。落ち葉はやがて腐葉土となり、長い時間をかけて微生物により分解されます。同時に、様々な土壌生物の遺体も分解され堆積します。これら動植物の遺体や糞《ふん》が混じり合い発酵した有機物が腐植です。

「肥沃」な土壌とは、腐植に富んだ土壌のことです。腐植が多い土壌ほど濃い黒色になります。ただし、腐植が多ければ多いほど良質な土壌というわけではありません。作物に応じて、土壌を構成する材料は適正なバランスを保つことが重要です。

植物にとって不可欠なパートナーは微生物でした。微生物の餌となるのが腐植です。微生物が腐植を分解することで、植物が養

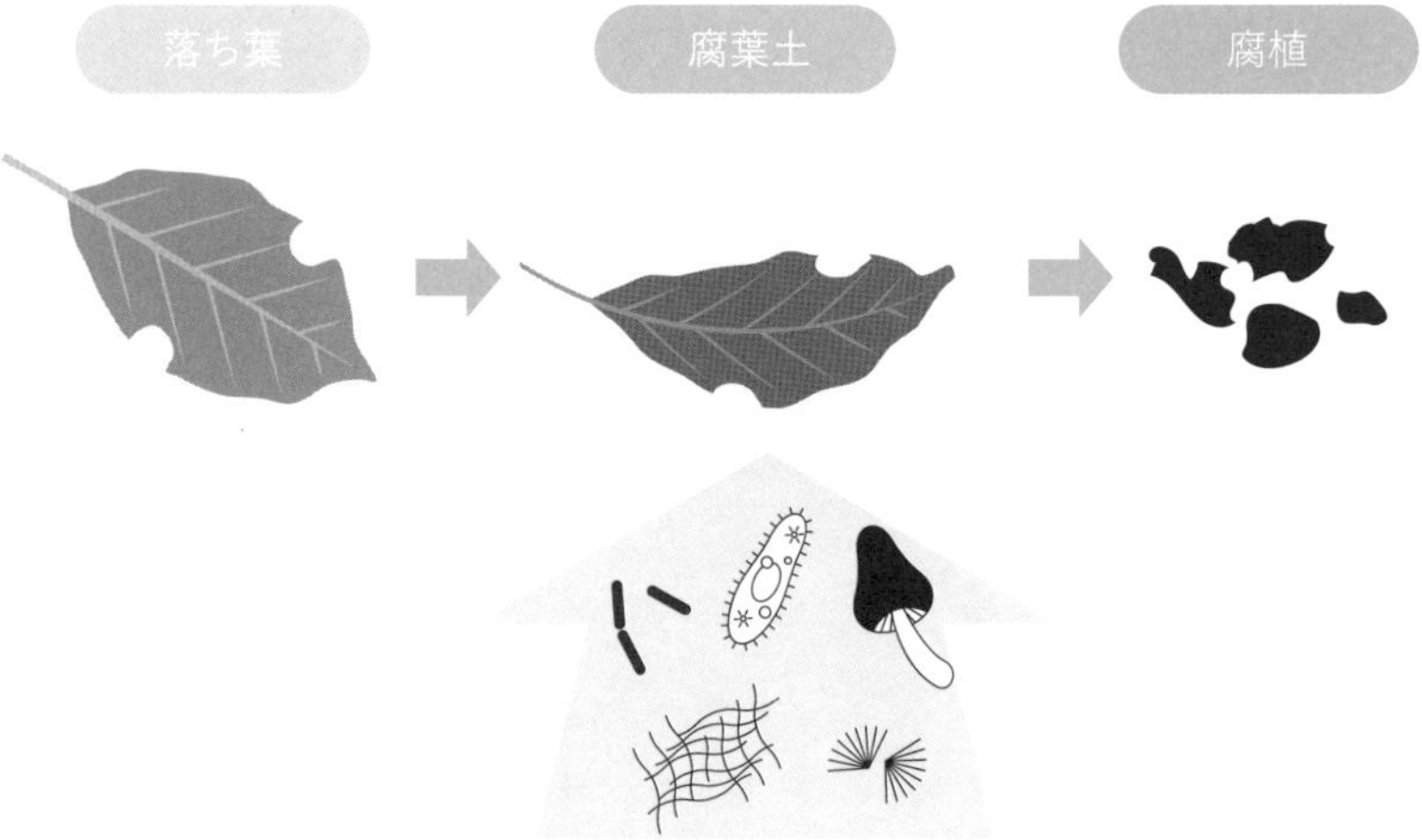

分を吸収できる状態に変化します。腐植が多い土壌にいる微生物は活性が高まります。これが腐植に富む土壌が「肥沃」と呼ばれる所以《ゆえん》なのです。

多くの場合、植物に栄養を渡してくれるのは微生物で、人間が直接栄養を与えることは困難です。人間にできるのは微生物が喜ぶ餌、腐植を提供してあげることくらいなのかもしれません。

腐植が持つすごい能力

腐植には更に「保肥力の高さ」という優れた点もあります。「保肥力」とは、土が持つ、養分を保持する能力のことです。簡単に言えば「胃袋の大きさ」で、土壌学の専門用語ではＣＥＣ（陽イオン交換容量）と呼びます。土壌粒子は通常マイナスに帯電しており、植物の養分の多くはプラスに

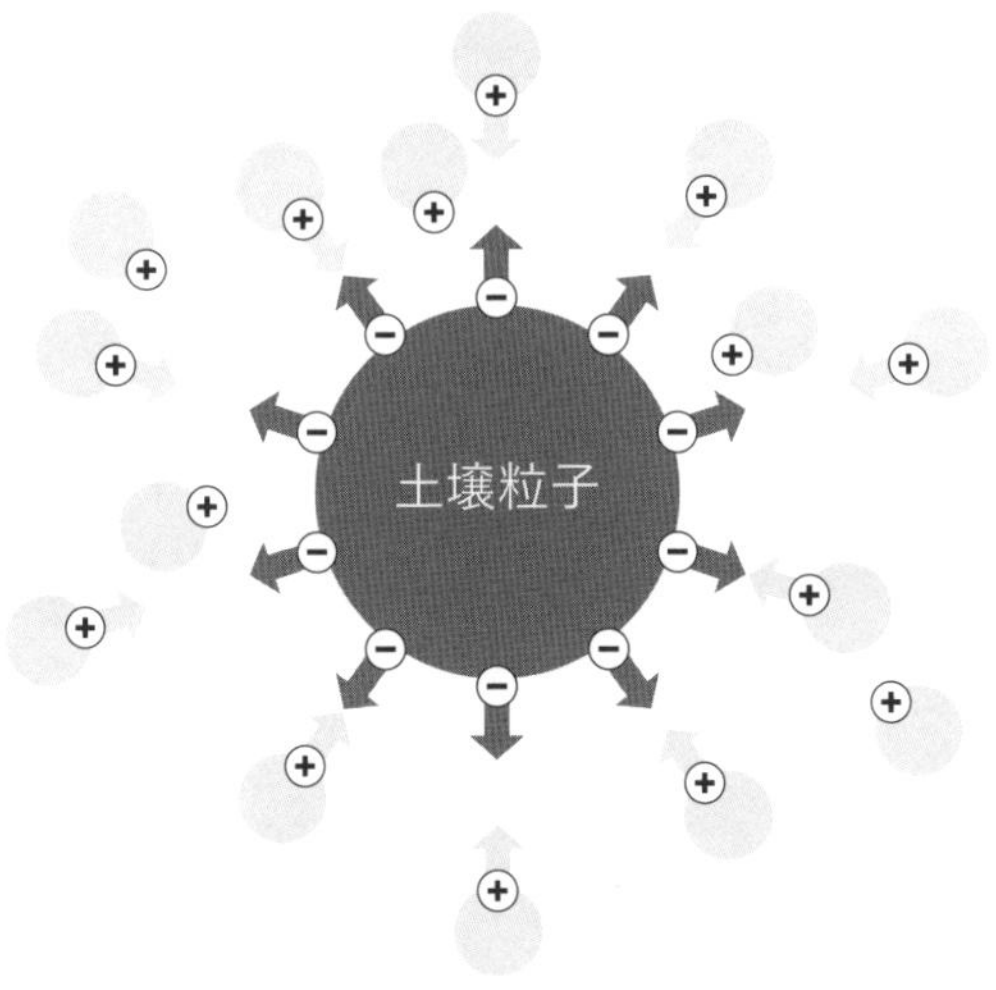

帯電しています。つまりＣＥＣが大きいほどたくさんの養分を保持できます。

腐植質はこのＣＥＣが非常に大きく、次いで大きい粘土質の10倍以上と言われます。また、腐植の出す粘質物は接着剤となって団粒化を促進し、前述した団粒構造の構築にも貢献します。

有用なことばかりの腐植ですが、一部の園芸店では忌避される傾向にあります。なぜなら、腐植は栄養豊富過ぎるために、土壌生物（虫や微生物）もまた招いてしまうからです。そのため多くの園芸店では、無機質用土（レンガ砕石・スポンジなど）や腐植を含まない有機質用土（ヤシ殻などの植物残渣《ざんさ》）が人気です。

これらは衛生的で利便性にも優れ、土壌生物も寄り付かないため安心安全です。同様の理由で、水耕栽培も人気があります。

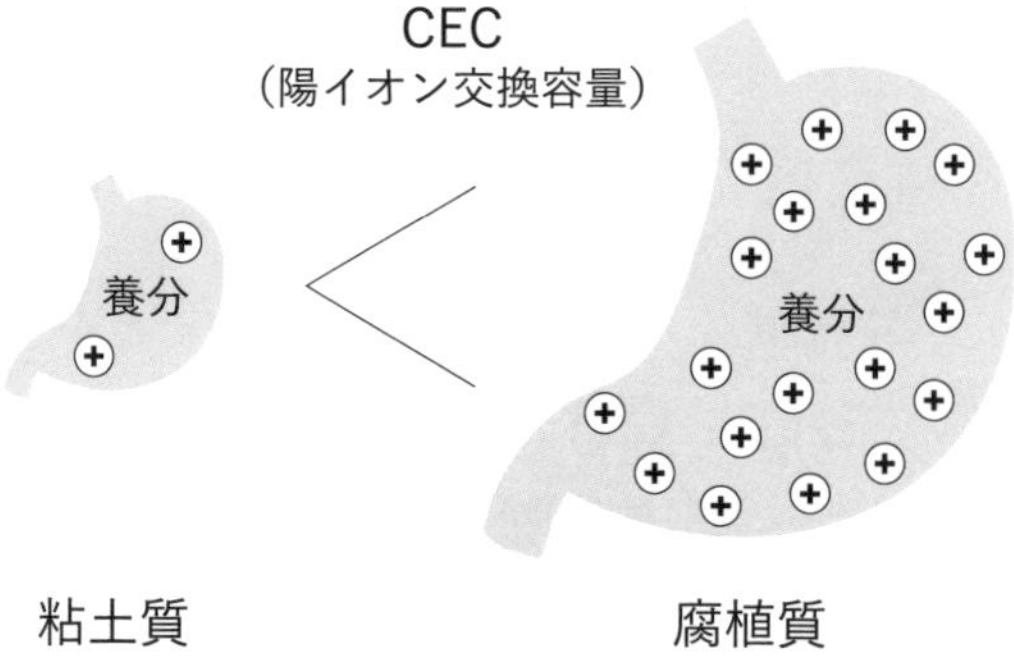

それらを否定するつもりはありませんが、本書では推奨しません。

自然豊かな森や肥沃な土壌には必ず虫がいます。大切なことは上手に共存することです。

気になるときは、見えないように工夫をすればいいだけです。次の項目でマルチングという手法を紹介しますので安心して進みましょう。

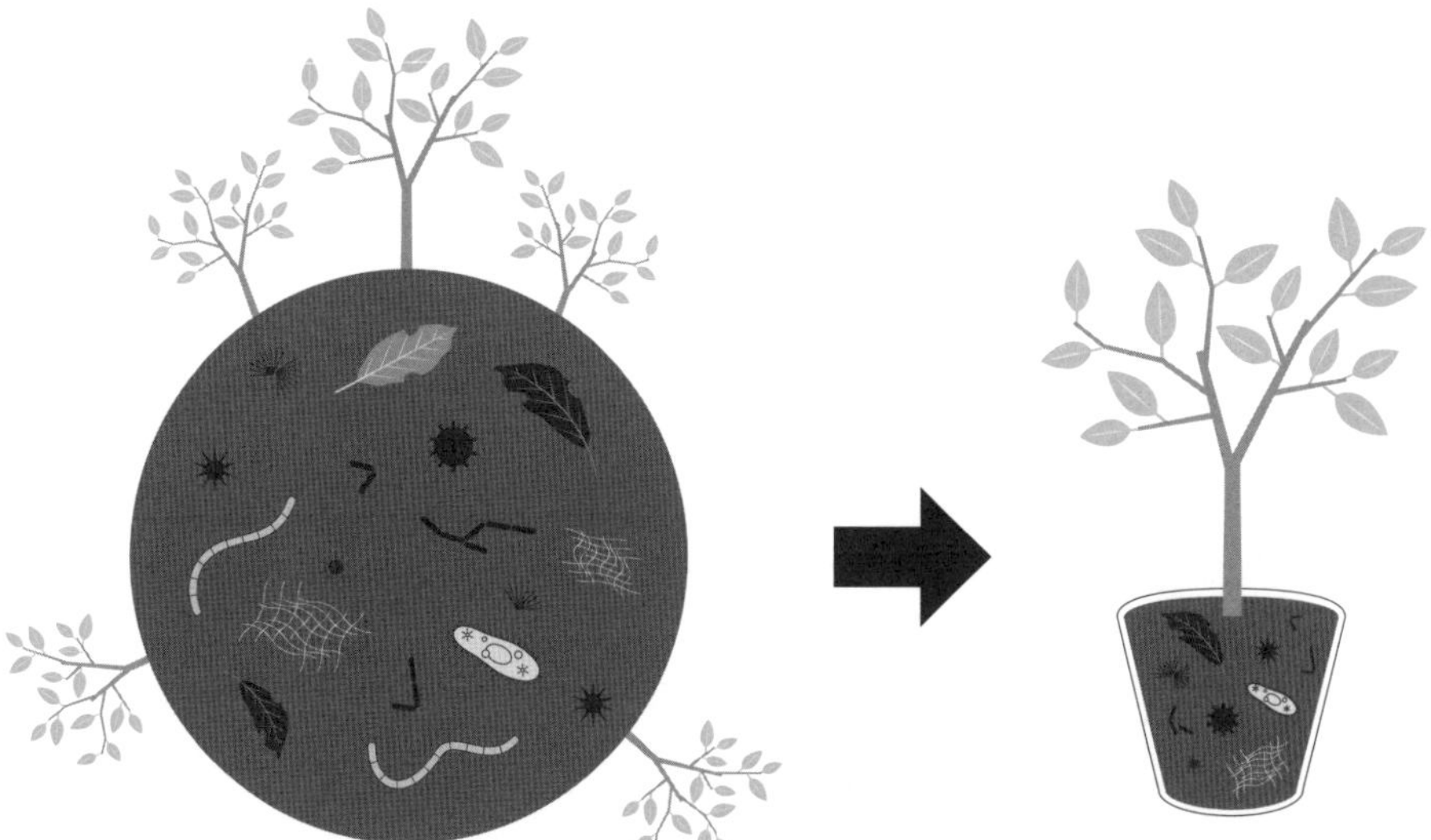

自然界の「当たり前」を鉢植えで再現することがプランツケアの基本

水やり

「水やり三年」という言葉を聞いたことはありますか?
一見簡単そうな水やりですが、非常に奥が深く、
一人前になるには3年くらいかかるという意味です。
水やりには、
根に水と新鮮な空気を供給する重要な役割があります。
大原則は「用土がしっかり乾燥してから」です。

水はしっかりとあげ、用土が乾くまでじっくり待つ

空腹だから食事もおいしい

今まで植物の診断を行ってきた中で、不調を招いた原因の圧倒的な1位は水の与え過ぎです。「良かれと思ってつい水を与え過ぎてしまう」気持ちは非常によく分かります。しかし、人間も常に満腹だと不調になりますし、空腹で食事をするからおいしく感じるものです。

植物の根には「水分屈性」という、乾燥を察知することで水を求めて根が伸びる特性があります。常に湿潤状態だと、根は伸びる努力を怠ります。

また用土の中では植物の根も呼吸しているので、湿潤状態が続くと、根が窒息し根腐れを引き起こします。人間と同じように、植物も空腹（乾燥）と満腹（湿潤）を交互に繰り返すことで健康に育ちます。

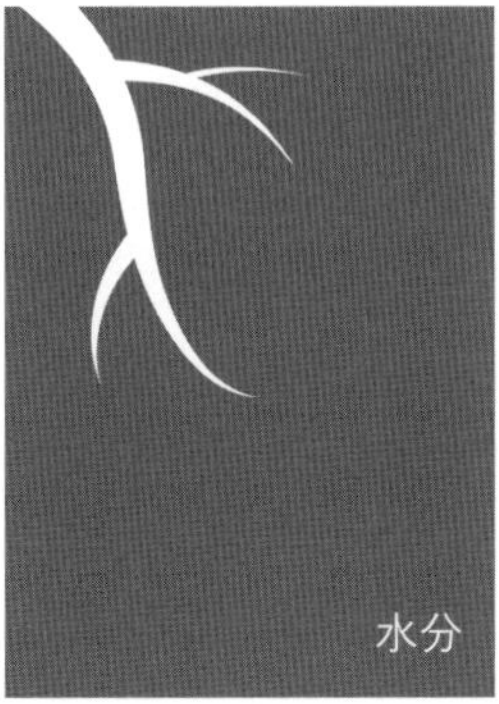

常に水分があると
根が深く伸びにくい

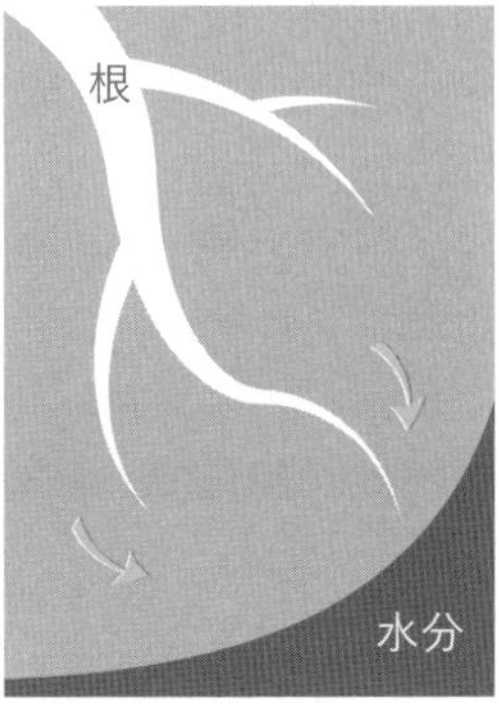

土が乾くと、
根は水を求めて伸びる

水やりのタイミングは、用土の乾燥を確認したとき。鉢の容積の4分の1程度を与えてください。そんなに少ないの？　と感じるかもしれません。一般的には「鉢底穴から水が流れ出るまで」と言われます。これは保水性の低い用土には有効な目安ですが、腐植が豊富な用土は保水性が高いので4分の1程度が適正量になります。

この分量で水を与えると、用土にしっかり行き渡って空気も循環し、鉢底穴からも水が流れ出ません（鉢皿に水が溜まると根の呼吸が阻害されますのでご注意ください）。根から吸い上げた水分を使って日中に光合成を行います。そのため水やりは午前中に行うのが理想的です。

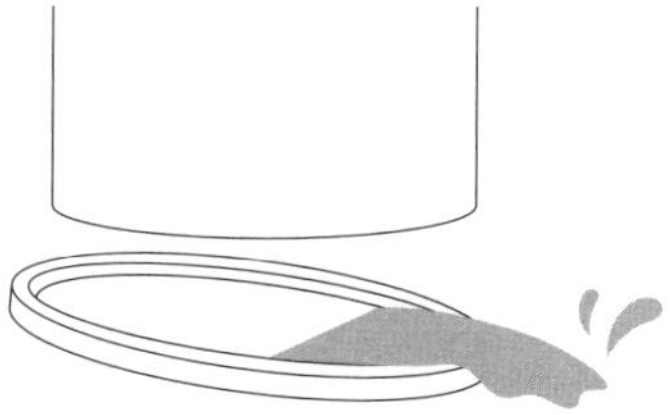

鉢皿に溜まった水は捨てる
そのままにすると根腐れの原因になる

1回の水量の目安は鉢の1/4程度

欠かせないマルチング

様々な資材で用土を覆うことをマルチングと呼びます。水分蒸発の抑制、地温上昇による根の保護、雑草発生の抑制、虫の不可視化などの効果があります。観葉植物には、石や砂・バークチップ・ヤシ繊維・麻布などが一般的に用いられます。しかし、石や砂は、水やりを重ねるうちに用土と混ざってしまいます。その他のものは、美観的に不自然さが気になります。そのため僕はモスシート（乾燥した苔《こけ》）を使います。

モスシートは盆栽からヒントを得ました。盆栽は生きた苔で用土を被覆しますが管理もひと手間掛かります。その点、乾燥したモスシートなら水やりは不要ですし、用土と混ざることもありません。何より美観的にも自然なのでおすすめです。

石や砂

バークチップ

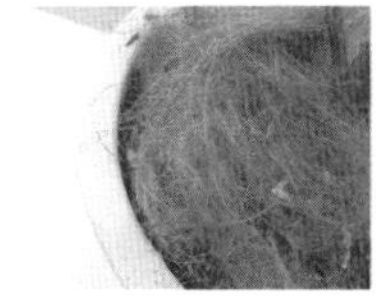

ヤシ繊維

麻布

乾燥した苔。美観的にも良い

また、マルチングには「虫の不可視化」という側面もあります。腐植が豊富な用土は虫も発生しやすくなります。代表的なのがコバエですが、マルチングによりコバエの飛翔も抑制されます。第2章の「ケア入門中級編」で詳しく説明しますが、コバエなど植物に害を与えない虫もいます。害がないなら工夫して共生を目指しましょう。

劣化を防ぐため、水やりはマルチングを避けて行います。

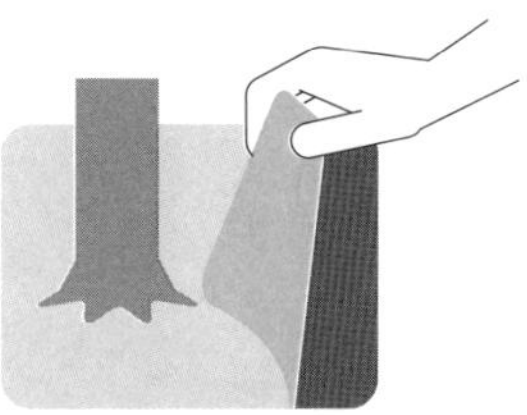

①マルチングをめくる

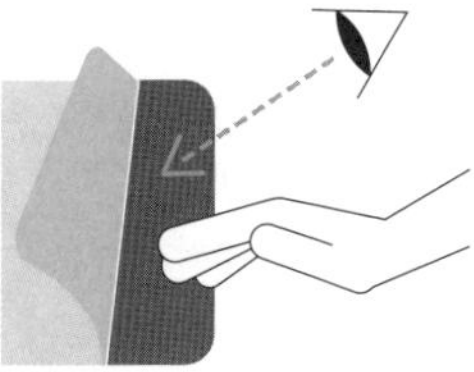

②用土の乾燥具合を確認する

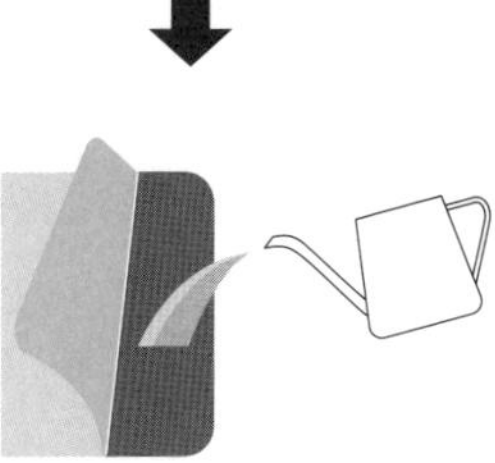

③用土が乾燥していたら水を与える

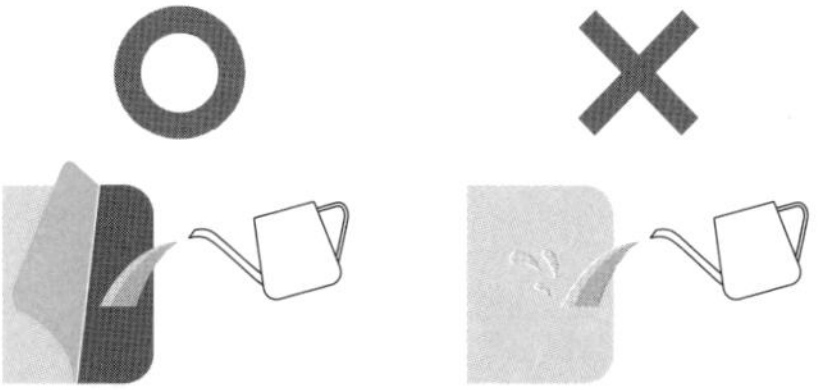

劣化を防ぐため
マルチングを避けて水やりを行う

水分計という「補助輪」

水やりの失敗で多いのが、用土の内部はまだ湿っているのに、表面が乾いただけで水を与えてしまうことです。鉢の重みで乾き具合を判断する手法もありますが、初心者にはハードルが高いのも事実です。

そこで、水やりの適切なタイミングに悩む方におすすめしたいのが植物専用の水分計です。鉢に挿しておくだけで簡単に使用でき、水を与える適切なタイミングを「色の変化」で知らせてくれます。慣れてくれば用土内部が乾く周期も感覚的に分かるようになってきます。水やりに慣れるまでの「補助輪」としてうまく活用してください。

引用：https://sustee.jp
水やりチェッカー『サスティー』

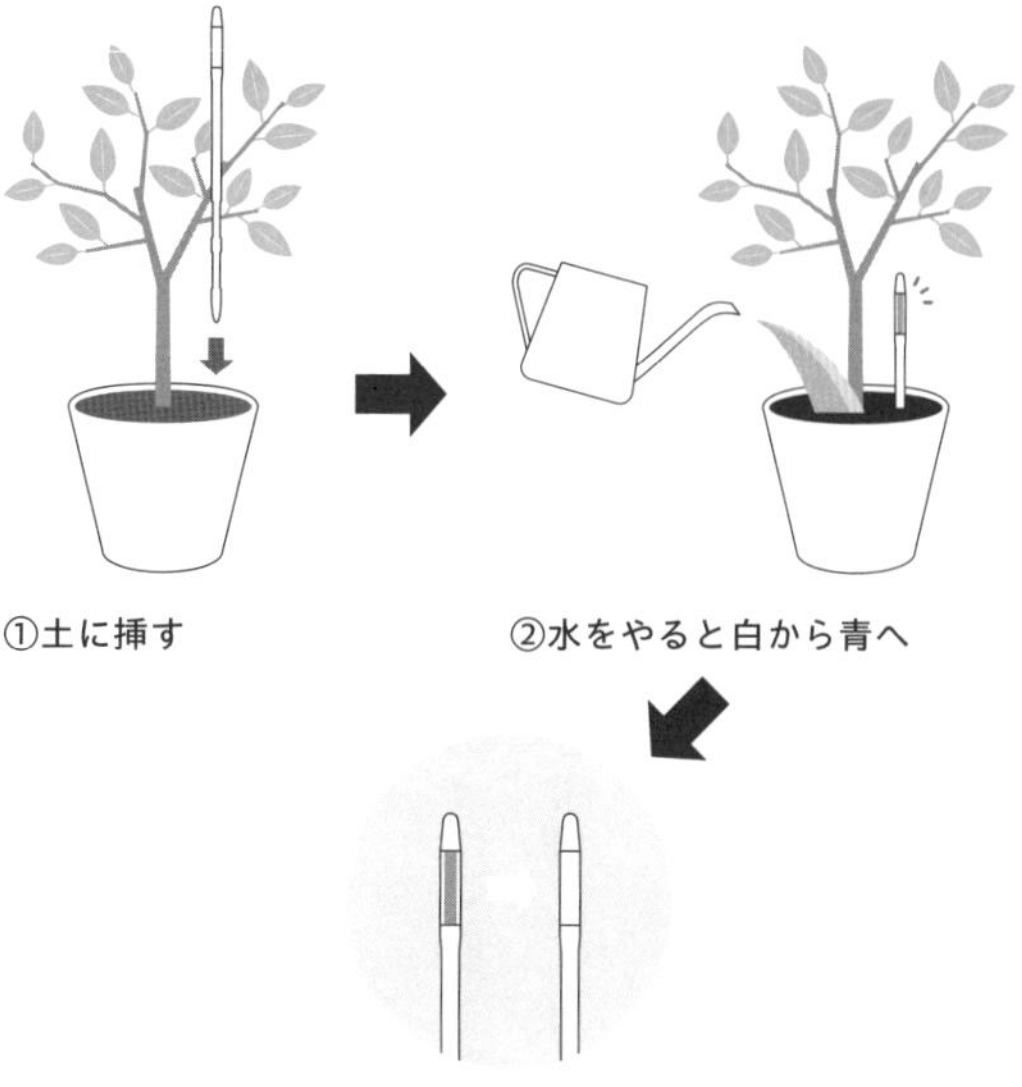
③土が乾くと青から白へ

植物をめぐる哲学的エッセイ 1

植物の超越性

最初に花を愛《め》でた人々（The first flower people）、そう呼ばれたのはネアンデルタール人でした。1950年頃、コロンビア大学の先史学者ソレッキー教授はイラクの洞窟で人骨の化石を発見します。複数のネアンデルタール人が屈《かが》んだ状態で埋葬されており、周囲の土からは多種多様な花粉が発見されました。彼らは同胞の死を悼み、美しい花々を死者へ手向けたのです。

人類は6万年前から花を愛でていた。

この発見から、ネアンデルタール人は豊かな感性を持った慈悲深い人類であったと推測されます。それまで考えられていた、野蛮で感情的な原始人という定説をすっかり覆し、歴史に残る最古の園芸家となりました。

しかし、どうして僕たちは「人類が花を愛でていた」と自明視しているのでしょうか。

「人類が花に愛でさせられていた」ではなく。

人間が植物に生かされている？

プランツケアの最前線で、日々、植物と向き合う僕にとって「人間が植物に生かされている」と感じた経験は枚挙にいとまがありません。正直に告白すると、植物は人間の生を凌駕《りょうが》した「超越的生命」であると考えています。

幸いなことに、どうやらそう考えたのは僕だけではないようです。

イスラエルを代表する歴史学者ユヴァル・ノア・ハラリは、全世界で２０００万部超を売り上げた大著『サピエンス全史』（河出書房新社）で、農業革命について舌鋒《ぜっぽう》鋭く語っています。

大摑《おおづか》みに言えば、「人類が植物を栽培化したのではなく、人類が植物に家畜化されたのだ」といった主張です。またジャーナリストのマイケル・ポーランも『欲望の植物誌　人をあやつる４つの植物』（八坂書房）で、「農業とはイネ科が樹々を征服すべく、人間にやらせたことだと考えてもおかしくはない」と記しています。

また、イタリアの植物学者ステファノ・マンクーゾは『植物は〈知性〉をもっている20の感覚で思考する生命システム』（ＮＨＫ出版）で、植物の知的な営みを最新の研究によって明らかにしました。

副題の通り、植物は人間以上に様々な感覚があることを多くの事例とともに紹介しています。植物は地球上の多細胞生物のバイオマス（総重量）の99％も占めている。この事実からも、「地球は植物が支配している生態系」であり、「そこに議論の余地はない」と言います。

そして、多くの方が興味関心のある「植物に知性はあるのか？」という問い。

これにも、知性を「問題解決力」と定義するなら、「植物は私たちが考えているよりも（中略）はるかに優れた知性をもった生物だ」と明言しています。

この本は世界的な植物学者が、科学的に分析し、植物の「知性」を初めて解き明かした記念碑的な一冊です。２０１５年に日本語翻訳版が発売されて以降、多くの業界関係者に衝撃を与えました。もちろん僕も多大な影響を受けた１人です。

驚異的な能力を持つ植物

イスラエルの遺伝学者ダニエル・チャモヴィッツからも影響を受けました。

『植物はそこまで知っている　感覚に満ちた世界に生きる植物たち』（河出書房新社）では、高度な感覚を駆使して生きる植物の生が、最前線の科学に照らして紹介されています。

特に印象的なのはハエトリグサの「記憶」です。

葉にふれた虫を捕食することで有名なハエトリグサですが、実は一度ふれただけでは葉は閉じません。葉が作動するのは20秒以内に2本の感覚器にふれたときだけ。葉を閉じるには大量のエネルギーを消費するので、十分に大きく、食べるに値する虫が来た瞬間だけを狙うためです。

この仕組みが意味するのは、ハエトリグサは「短期記憶」によって判断し行動しているということです。そこに僕の視点も付け加えるならば、「休眠打破」という植物の習性。有名なのは桜で、冬の寒さを経験しないと咲かない（咲きが悪い）というものです。春以外は注目を集めない桜も、実は淡々と気候の変化を「記憶」しているのです。

人間を含む動物の優位性を語るときに、よく引き合いに出されるのは「植物は動かない」という点です。しかし、断言します。真に植物を観察した経験者でこれに同意する人は皆無でしょう。

植物は主体的に最適な環境を選び「移動」します。

分かりやすいのは地下茎の仕組みです。ある環境が望ましくなかったとき、地下茎はその地上部を枯らして、地中で繋《つな》がる新たな環境から芽を出します。これを「移動」と呼ばないなら一体何でしょうか？

また、フランスには植物が動いていることを前提に庭作りをするランドスケープアーキテクト（植物を用いて、公園や商業施設などの空間をデザインする人）もいます。『動いている庭』（みすず書房）の著者、ジル・クレマンは、自然な遷移として「移動」する植物を肯定し、庭を構成しました。この思想は現代造園史に革命的な転換をもたらしました。「できるだけあわせて、なるべく逆らわない」という彼の言葉は、まるで、いけばな作家のようです。植物を動的生物として尊重することで、初めて浮かび上がる造園手法です。

植物は不老不死なのか

植物はほぼ「不老不死」だと主張するフランスの哲学者もいます。

フロランス・ビュルガは『そもそも植物とは何か』（河出書房新社）で、「時間を経験しない点でも、時間に限定されていない点でも、植物は『時間を超越した存在』なのだ」と主張します。

「時間を経験しない」とは、どういうことでしょうか？

それは多くの植物が無限に分割可能な点です。株分けを想像してください。とある植物の株を2つに分割し、それぞれが根付いて別々の生を営み始めます。この2つは全く同じゲノム情報で、遺伝的にも同一の性質を持つクローンです。そして分割回数にほぼ上限はありません。そのため、植物生態学上、植物には「個体」という呼称は相応《ふさわ》しくないとすら言われます。

主体性がないのであれば時間を経験しようがない、ということですね。

次に「時間に限定されていない」とは？

これは前述の通り、多くの植物には寿命がない点です。諸説ありますが、最高齢の植物はアメリカのユタ州に群生するポプラで数万歳だと言われます。約4万本の幹がひとつの根系で繋がっているそうです。もはや木というよりは山と形容すべきでしょう。

日本にも有名な縄文杉があります。文字通り縄文時代から生きているとされ、諸説ありますが7千歳とも言われます。盆栽でも最高齢は千歳を数えます。

重要なのは、これらの最高齢記録は抜きん出た特異な事例というわけでなく、多くの植物もまた、その可能性に開かれていることです。

植物は人間の生を凌駕した「超越的生命」です。ですから、前提として植物を擬人化して理解しようとすべきではありません。その上であえて表現するならば、植物は人間以上の感覚機能を持ち、「知性」や「記憶」や「移動」で問題解決を行っています。そして多くの植物は無限にクローン増殖可能で寿命もない、つまりほぼ「不老不死」であると言っても過言ではありません。植物は知的にも身体的にも人間を超越しています。

近代以降、人類は植物など下等な生物だろうとたかをくくり、深く知る努力を怠ってきました。特にキリスト教以降のヨーロッパでは、何世紀にもわたって植物は石とさほど変わらない存在だと考えられていました。

一方で、上等なはずの人間の価値観によって覆い尽くされたこの世界は、後世に胸を張れるものになったでしょうか。持続可能性、循環型社会、自律分散型組織など、最近になって声高に掲げられる理想は、植物からしたら今更感しかありません。植物たちは遠い昔からそれらの仕組みを至極当然に行ってきました。

自らの知性に行き詰まった人間は、知らず知らずのうちに植物的「知性」に接近しているのかもしれません。

今こそ人間は植物の超越性から学ぶべきだと思います。

第2章

ケア入門
中級編

健康のケア

「健康寿命を育む」ことが目的です

最近、うちの植物、元気がなくて……
ケアの基本がよく分かりました
お役に立てて光栄です
風量もばっちりです！
風量計
また何かありましたらいつでも頼ってくださいね
それでは
数か月後──
川原さん！助けてください！

うちの植物、最近よく葉が落ちるんです！
ちゃんとケアの基本は続けてるんですが……
ドス
ドス
ドス
ドス
肥料をたくさんあげたら元気になるかと思ったのにあまり効果もなくて……
大丈夫ですよ
ニコ
ニコ
葉が散るときは色々な原因があります
まずは診察して様子を見てみましょう
どうでしょうか？
これは病害虫の仕業ですね
簡易的な処置で回復しますよ
パァ
そうなんですね！ああ良かった！

健康診断

～植物の「かかりつけ」を持ちましょう～

植物は日々成長し変化し続けます。
「これって何かの病気かな……」
「そろそろ植え替えが必要かな……」
病害虫や用土の劣化など、
健康を脅かす要因は無数にあります。
特に植物の病害虫は判別が難しく、
プロでも対応に困るケースが多々あります。
自己判断で対策せずに、
些細《ささい》なことでも疑問や不安を感じたら、
まずは専門店に相談しましょう。

手軽なオンライン診断

歯科健診や人間ドックなど、定期的な検査は予防医療として効果的です。異変を感じてからの診断では手遅れの場合も多々あります。植物も同様に、具体的な症状が現れる前に、半年に1回を目安にした定期健診を習慣化しましょう。特に、春と秋の成長期には変化が起こりやすいため注意が必要です。

僕は2005年の開業直後から、プランツケアの一環として、いち早く画像診断サービスを取り入れました。今では年間3000件あまりの診断を行っています。LINEやメールから画像を送るだけで、ケア担当スタッフが植物の状態を診て、具体的な相談にお応えします。

最近では画像診断サービスを行う観葉植物店が増えてきたので、以前に比べて気軽に利用できるようになりました。

セルフケア

人間と同様、
植物の健康維持に一番大切で有効なのは
「予防」です。
健康状態が良好であれば
そう簡単には病気にならないように、
健全な植物は病害虫に忍びよる隙を与えません。
起き抜けの歯磨きや洗顔、
たまの耳掃除や爪切りなど、
日々のちょっとしたケアは
僕たちの健康を支えています。
植物も適切なセルフケアを行い、
未然にトラブルを防ぎましょう。

植物の病害虫は一度発生してしまうと、完治・根絶が非常に困難です。覆水盆に返らず、僕自身もふとした気の緩みが招いた後悔は数知れません。

病害虫リスクが高まるのは植物が弱っているときです。

健康維持には、**葉水・葉磨き・葉透かし・枯落とし・転回**と5つのセルフケアを習慣化していただければ安心です。

植物も日ごろのケアによって健康が守られる

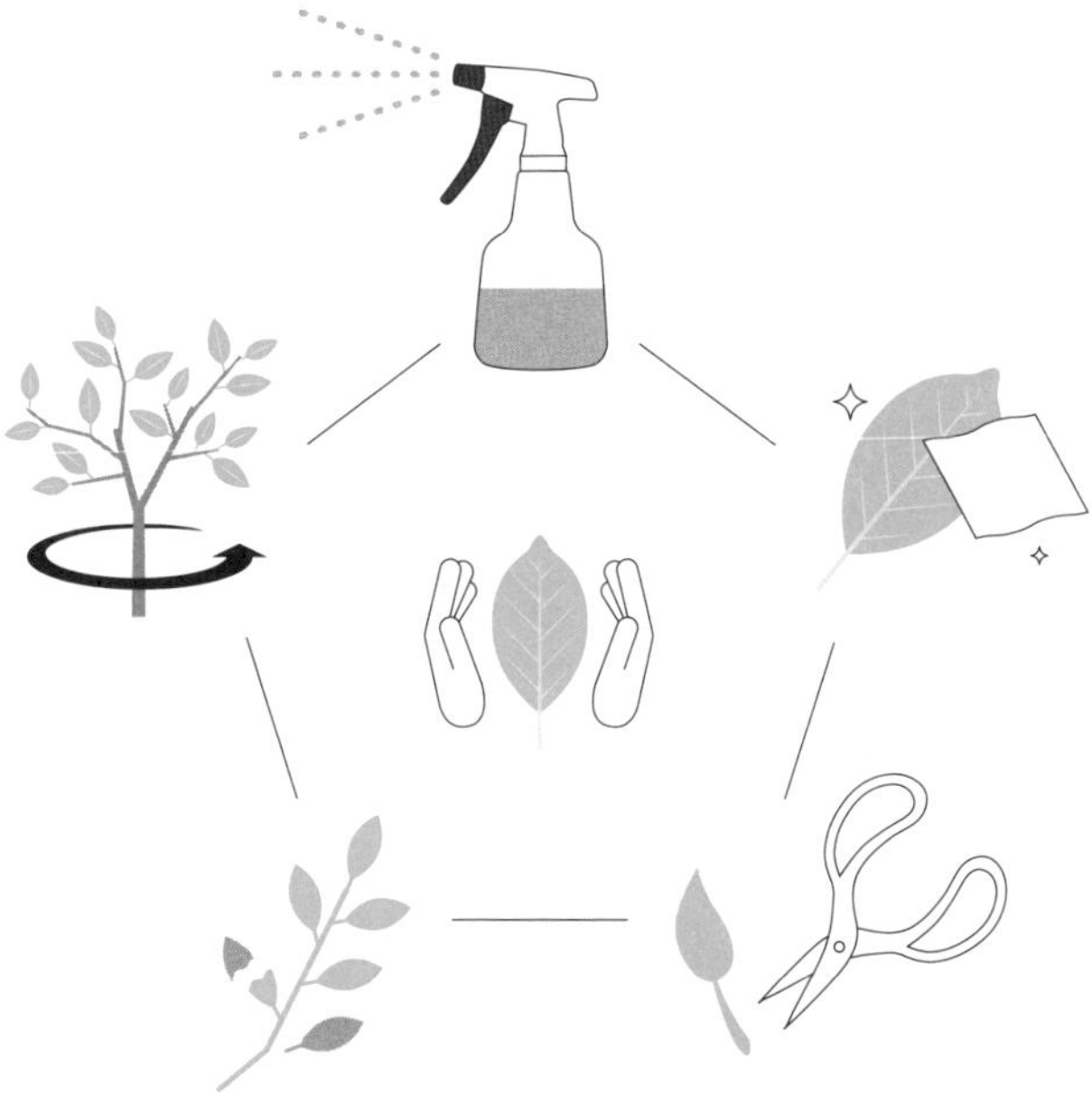

葉水《はみず》　植物だって潤いたい

人の肌と同じように、植物も潤いを求めています。多くの植物は葉からも水を吸収し、幹や枝が潤うと、新芽や気根も出やすくなります。

原産地で生きる植物は雨によって保湿されますが、屋内での保湿には人間の手が不可欠なので、毎日、霧吹きで葉水を行うことが理想的です。水分量は葉の表裏がうっすらと濡《ぬ》れる程度で十分です。1日に最低1回、時間帯は日中が理想です。ただし、真冬だけは植物が寒がらないよう水温に注意をしてください。室温同様に20～25度が最適です。

葉水の最大の効果は「防虫」です。観葉植物にとっての二大害虫、ハダニとカイガラムシは乾燥を好み繁殖します。のちほど「サプリ」で紹介する木酢液を水に混ぜて葉水すると更に効果的なので、害虫対策にお困りの方は是非お試しください。

また、葉水には枝や葉のまわりの空気を動かす効果もあります。滞留しがちな空気を循環させるイメージで行うと通気性もぐっと上がります。

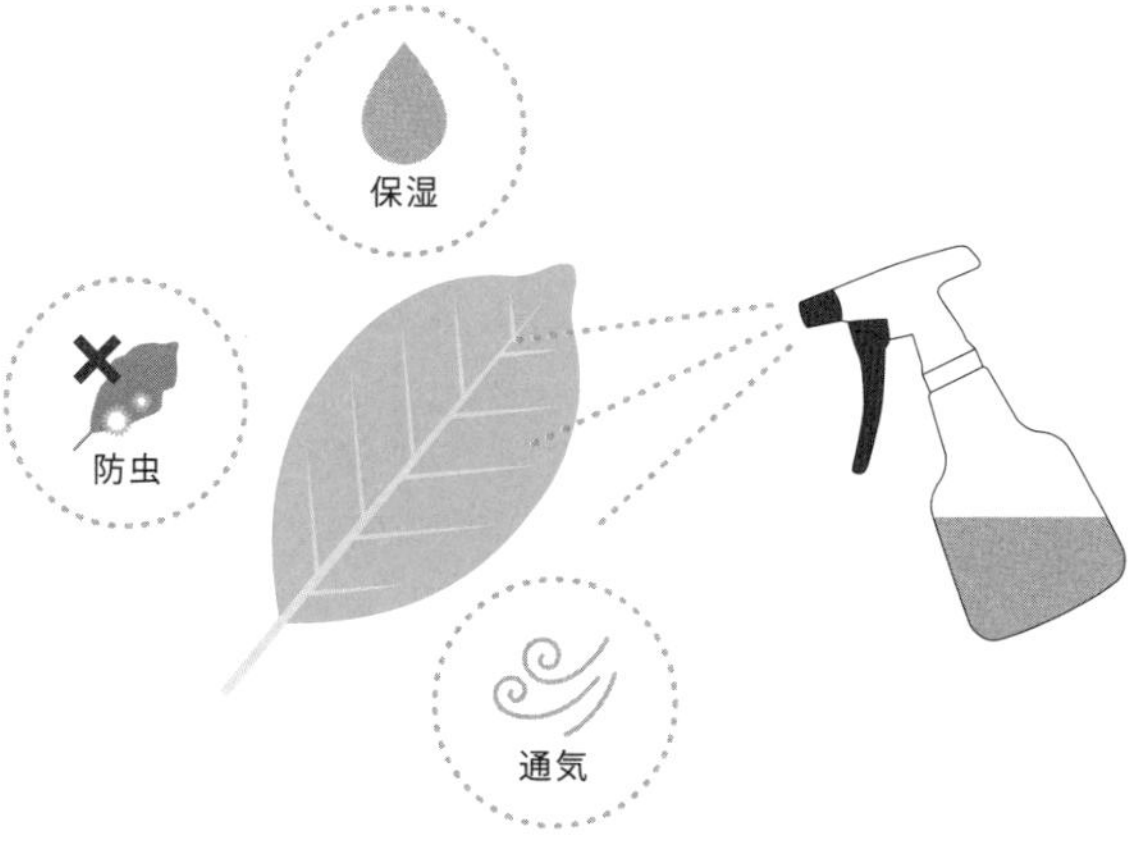

毎日葉水をすると保湿・防虫・通気に効果的
乾燥する時期はより小まめに

季節による除湿と加湿

よく「観葉植物は亜熱帯原産だから湿気が大好き」と思われている方がいますが、これは大変な誤解です。もちろん葉水は重要ですが限度があります。人間もジメジメし過ぎず乾燥し過ぎない空間が快適なように、観葉植物もちょうど良い湿度を好みます。

適切な湿度は40～60％と言われ、人間の理想とほぼ一致します。乾燥が害虫を招くように、多湿は病気を招きます。植物の病気の約9割はカビが原因です。言うまでもなくカビは多湿を好みます。

特に注意が必要なのは梅雨《つゆ》です。カビは葉に一度発生すると除去がほぼ不可能なので、ご自宅でもエアコンの除湿機能をご活用ください。とはいえ「植物のために」と意気込む必要はありません。人の体感で判断すれば、その基準が植物にとっても快適です。冬場は加湿器を活用しましょう。部屋の乾燥が気になるとき、植物も同様に乾いていると思ってください。

湿度の高い時期は葉水の
与え過ぎに注意
蒸れは植物に大敵

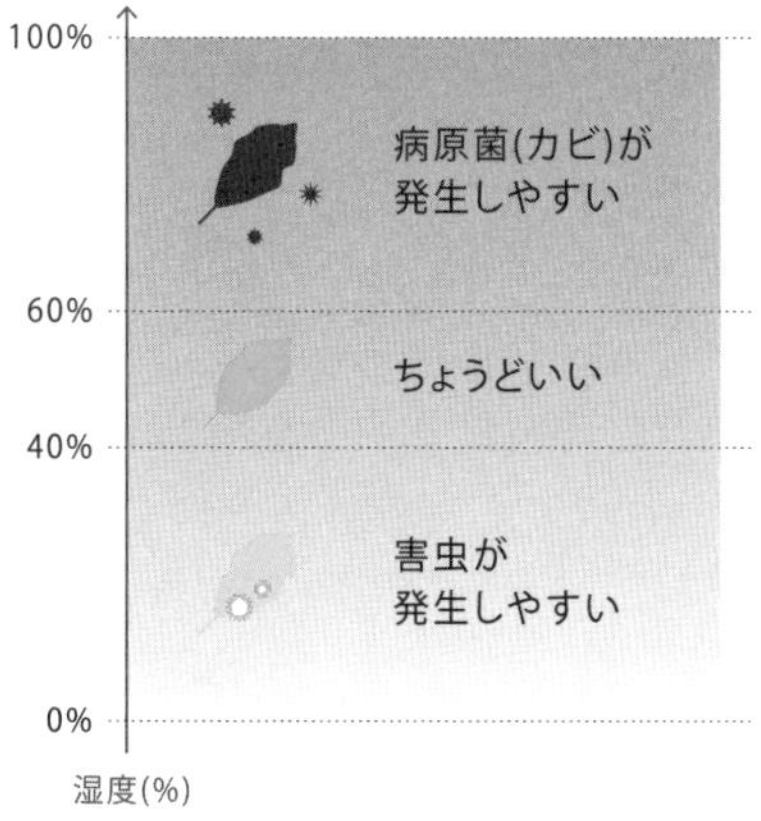

乾燥は害虫を招き、多湿は病気を招く

葉磨き
葉に溜まるホコリの対処

床や棚に溜《た》まるのと同様に、ホコリは植物の葉にも降り積もります。週に1回程度は葉を磨いて除去しましょう。ホコリを放置しておくと光合成の妨げになったり、害虫の住処《すみか》になったり、カビの発生原因にもなります。

最も良い方法はティッシュを濡らして葉の両面を拭き取ること。特に多くの害虫は葉の裏側に潜むので入念にチェックしましょう。葉水と同様に、木酢液を混ぜた水で濡らして拭くと、病害虫予防にも効果的です。病害虫の伝染を媒介してしまう恐れがあるので、布巾など繰り返し使用する素材は避けて、その都度使い捨てましょう。

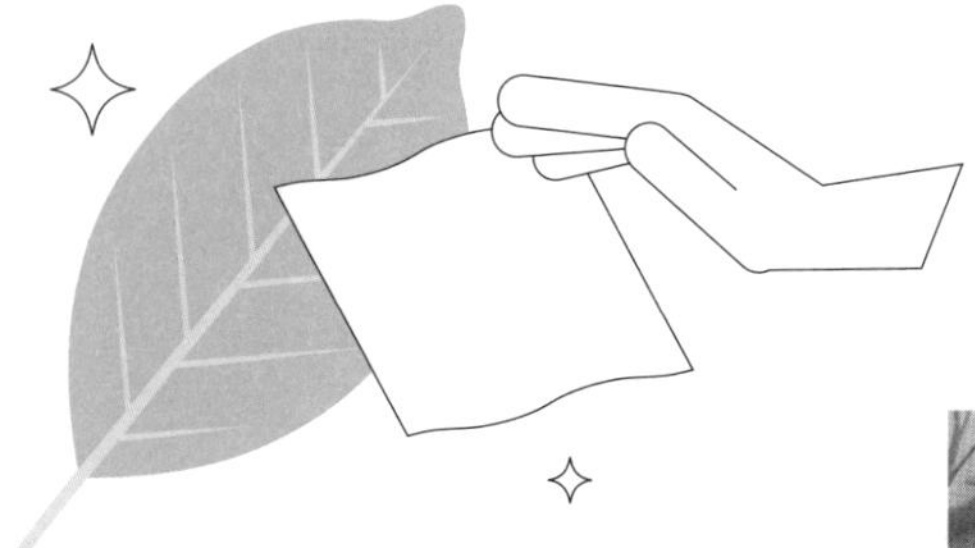

定期的に濡れたティッシュで
葉の両面を掃除する

小さい葉を拭く際は手のひらに乗せる

観察の習慣化

犬のブラッシングは週に1回程度が理想だと言われます。愛犬とのコミュニケーションはもちろん、皮膚病の早期発見など健康維持にも欠かせません。葉磨きも同様に、植物の観察が習慣化されるので非常に大切なセルフケアです。病害虫の早期発見は、「長寿」の何よりの秘訣《ひけつ》になります。観葉植物は文字通り葉を観賞する植物です。葉を磨くことで植物が活き活きとして観賞価値も高まり、ふれあいによって愛着も増します。

葉の汚れが気になるときは、葉面洗浄剤を使うとくすみが落ちて自然なツヤが戻ります。

葉面洗浄剤『MY PLANTS葉をきれいにするミスト』
住友化学園芸

葉透かし　適切な量をキープする

わさわさと葉が繁っているときは、不要な葉や枝を間引くことが病害虫の予防になります。混み合った枝葉を整理することで、光と風が植物の内側や下にも通り抜けできるようになります。葉や枝を付け根から切り落とし、枝葉全体の量を適正に減らしましょう。満遍なく光合成ができるようになり、空気の滞留も解消され健康状態が改善します。

また葉透かしによって、葉水も葉の両面に効率良く散布できます。特に株元や枝元には不要な枝葉が集中しやすいです。枝葉が密集し折り重なった状態では新芽の成長にも悪影響を及ぼします。人間も髪の毛をすいて量を減らすことで扱いやすくなり、頭皮の蒸れが改善します。風通しを良くするイメージで思い切って切り落としましょう。時期はいつでも大丈夫です。枝葉の混雑が気になったら、その都度行ってください。

葉透かしによって、光と風が全体に通り抜ける

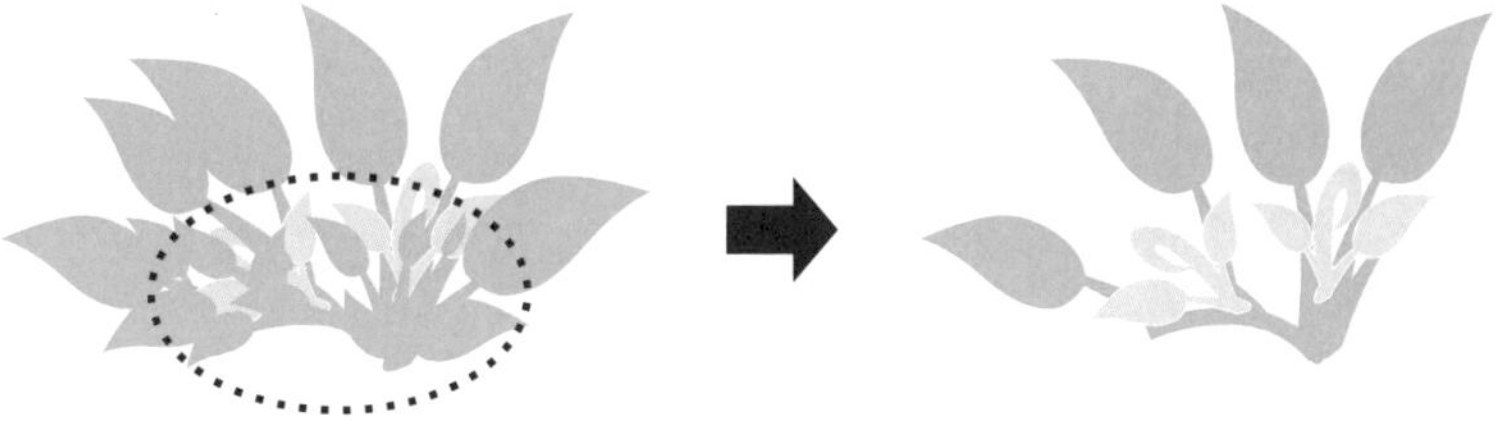
株元
枝元に隠れていた新芽にも
光が当たる

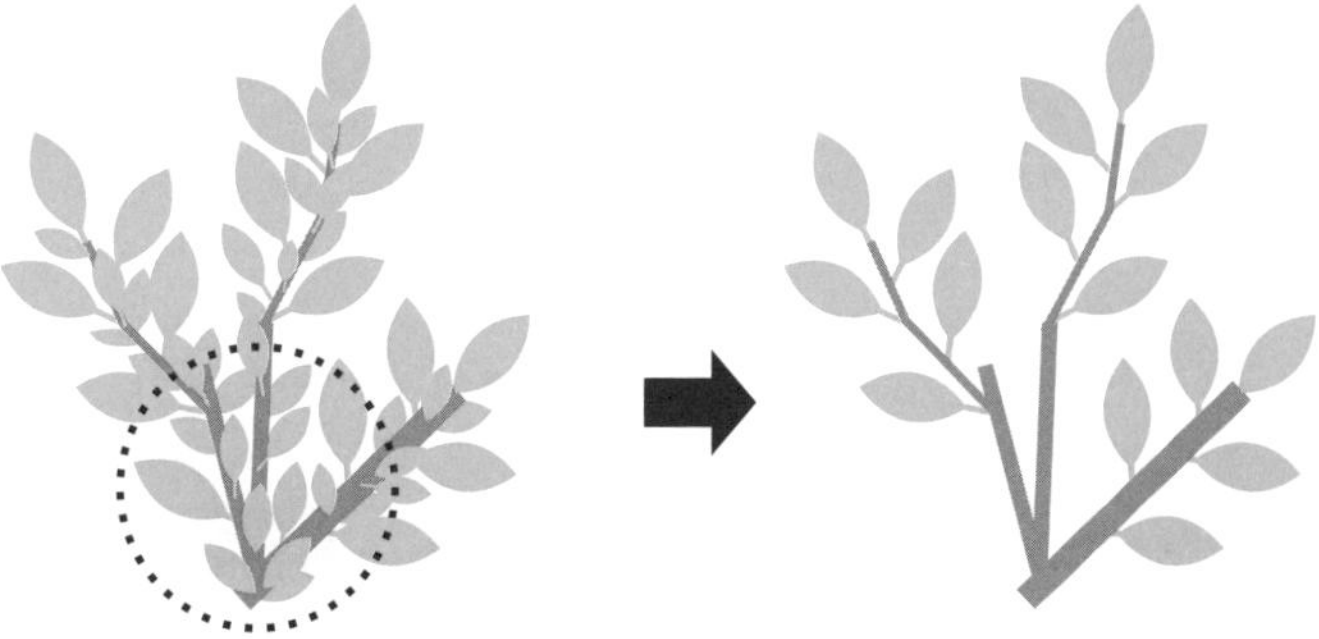
枝元
すっきりした枝元には
風の通り道ができる

枯落とし
自然現象と注意が必要な枯葉の見分け方

枯葉や枯枝を放置しておくと、ホコリと同様に病害虫の発生原因となります。枯葉や枯枝は躊躇《ちゅうちょ》なく切り落としましょう（イラスト①参照）。枯れについての相談で最も多いのは、葉の黄変を心配するものです。実は多くの場合、生理的な自然現象が原因で植物の不調ではありません。新芽が出ると下葉（根元に近い古い葉）が黄変し、いずれポロッと落ちます。これは新陳代謝によるもので、むしろ健康な育成の証しと言えます。注意して欲しいのは新芽や比較的新しい葉の黄変です。これは様々な異変の予兆なので、速やかに健康診断を受けてください。

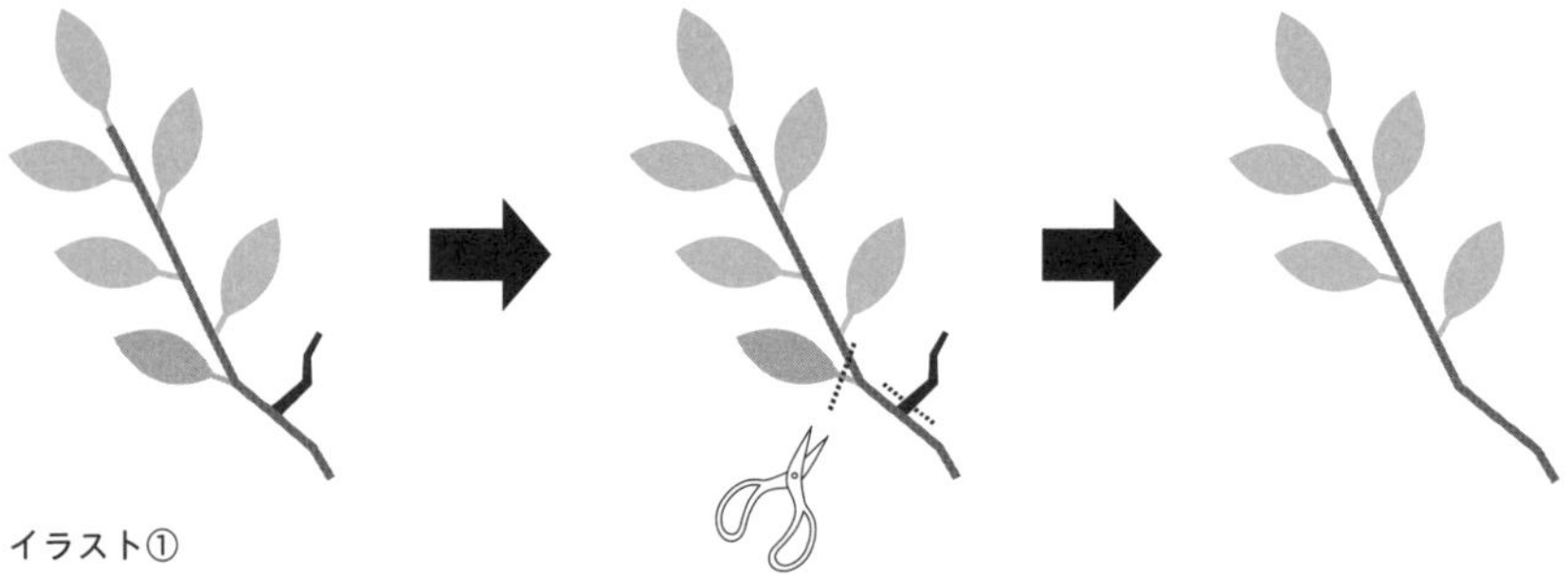

イラスト①

黄変し徐々に枯葉になる

複葉（複数の小葉がまとまっている葉）は葉の途中から切る

ドラセナなどの下葉の枯れは手で剝《む》くようにすると綺麗《きれい》に取れる

次に多い相談は葉先の枯れです。ドラセナやヤシなど、葉の先端が細く薄い植物に多く見られる症状です。多くの場合、空気の乾燥が原因ですが、保湿によって解消されるものではありません。原産地に近い環境でも同様の症状が現れる場合は多くあります。多くは葉の構造上の問題なので気にしないか、気になる場合は切り落としましょう（イラスト②参照）。ただし、葉先の範囲に留まらずに枯れが進行する場合は別の原因です。何らかの不調により先端から枯れが進行する場合もあります。枯れが止まった部分で切り落とし、健康診断をおすすめします（イラスト③参照）。

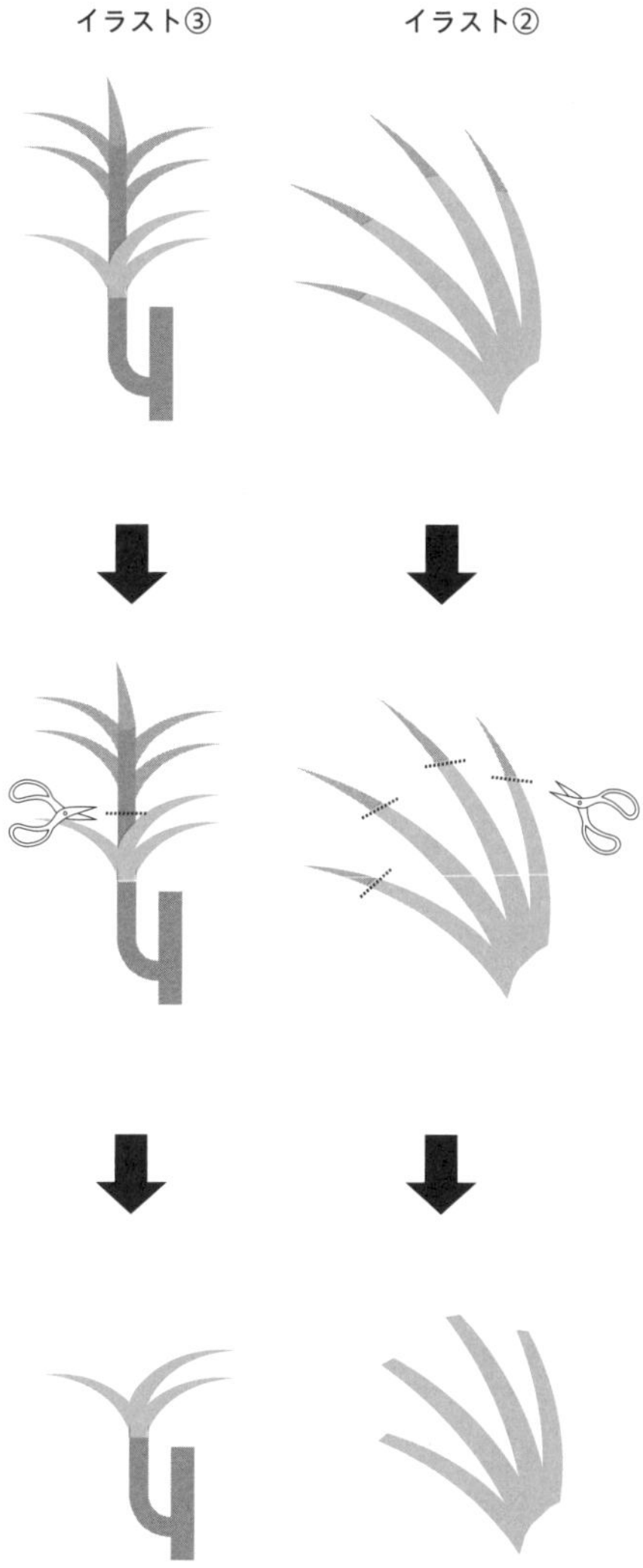

葉先のみが枯れるのは多くの場合が自然現象

転回　バランスの良い樹形に育てるコツ

満遍なく植物全体を日光に当てるため、最低でも月に1回程度は植物を転回させましょう。向きを変えることで、植物周辺の空気のよどみも改善されます。常に日陰側を向いた葉は、いずれ光合成不足で落葉します。診断のときに、日向《ひなた》側は葉が繁っているのに日陰側だけ禿《は》げている症状は非常によく見受けられます。位置を変えるような大きな移動はストレスになりますが、頻繁な転回は全く問題ありません。全体にバランス良く葉が繁り、健康的な個体に成長します。転回させずに長期間過ごすと、落葉はもちろんのこと、樹形も極端に傾きます。傾きによって、鉢ごと転倒する事故を招くこともあるので注意しましょう。

常に日陰側の葉は落葉する

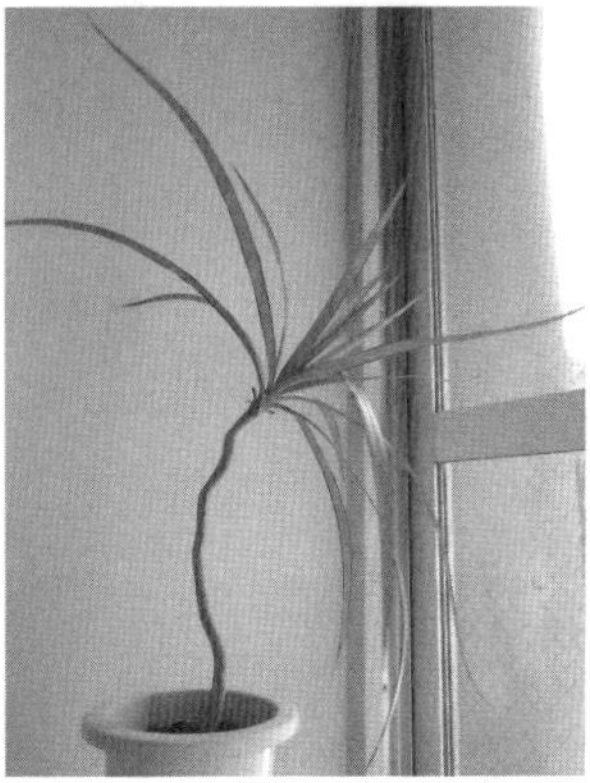

常に日向側の枝は極端に傾く

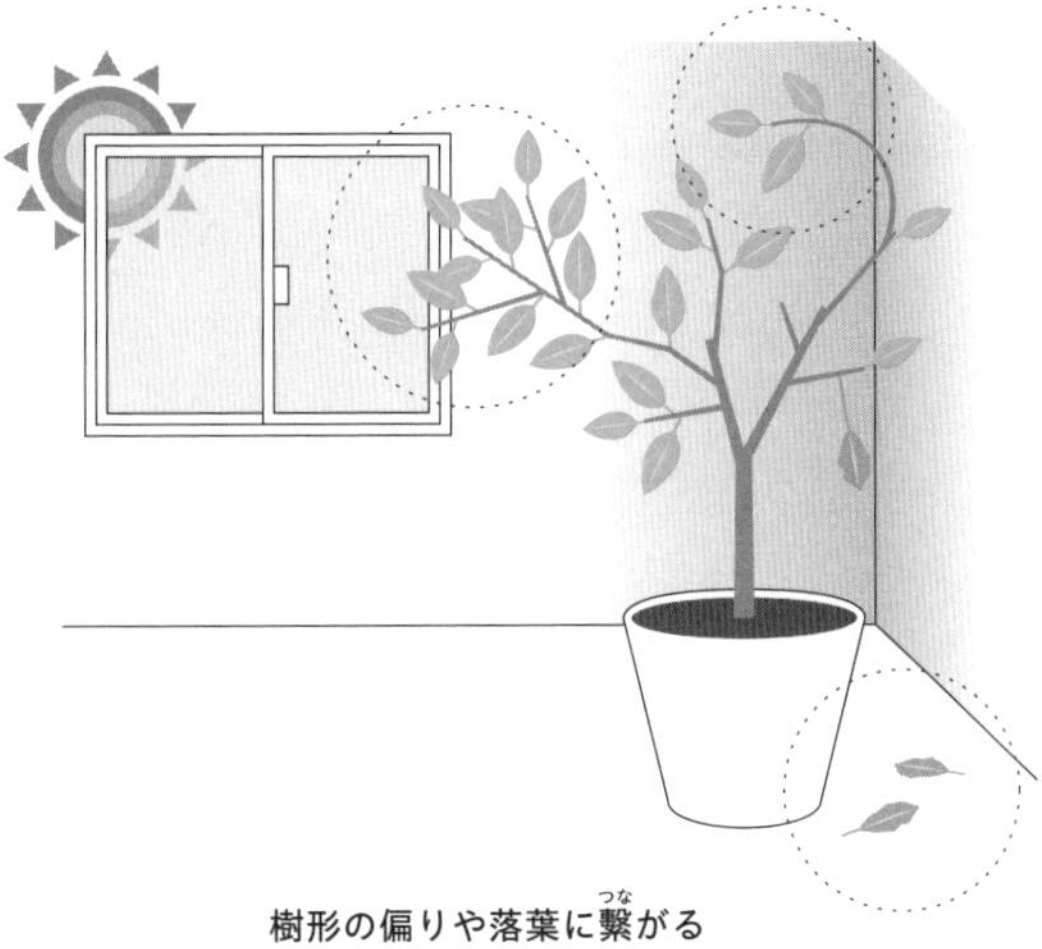

樹形の偏りや落葉に繋《つな》がる

転回でバランス良く葉が繁る

サプリ

植物の不調が気になったら、
いきなり肥料や薬剤に頼る前に、
まずはサプリで植物が本来持つ生命力を養いましょう。
プランツサプリとは植物用健康補助資材のことです。
聞きなれない言葉かもしれませんが、
僕はそう呼んでいます。

皆さんは普段、健康目的に特定の食品を食べませんか?
カルシウムのために牛乳を飲んでみたり、
疲れたときには酸っぱい発酵食品を食べてみたり、
貧血気味のときは鉄分錠剤を摂《と》ってみたり、
習慣的に何かしら口にしていると思います。
植物にとっても、
健康補助に役立つ農業資材が色々とあります。
僕が日々のメンテナンスで実際に使用しているサプリを
4つ紹介します(サプリは植物の健康を
保証するものではありません)。

鉱物由来珪酸《けいさん》液

有機木酢液

自然発酵乳酸菌

自家製熟成腐葉土

珪酸液《けいさん》

白雲母を高温溶解した水溶液である珪酸液は、ミネラル豊富で植物の細胞強化に最適です。ケイ素は人間にとっても美容健康を促進する成分として知られていますが、植物にとっても有用です。珪酸液に含まれるケイ素は植物の繊維を作る主成分です。吸収率の高い水溶性ケイ素は植物の骨格となる根や茎を丈夫にし、土から吸収した栄養を隅々まで行き渡らせます。細胞壁が強化され葉の張りが格段に良くなり、病害虫への抵抗性の高い丈夫な個体へ成長します。

水やりの際に水に混ぜる

未使用株

使用株
触ると葉の張りが違うことがより実感できる

木酢液《もくさくえき》

木酢液とは、木炭を製造する際に排出される煙を冷却して得られる液体で、数十年をかけて育つ広葉樹に蓄積された「樹木のエキス」です。

木酢液は害虫忌避、病気予防の効果があり、有機農家でも古くから使われています。化学的な薬剤を使用せずに病害虫への抵抗性を高められます。

木酢液には、200種類とも言われる多種多様な有効成分が含まれており、それらが有用微生物の餌となります。そのため、有用微生物が増殖し病原菌が減少すると言われています。

主な有効成分は酢酸などの有機酸で、燻製《くんせい》のような独特な香りが特徴です。木酢液自体に殺菌作用はありません。オーガニックなので子どもやペットのいる環境でも安心して使用できます。

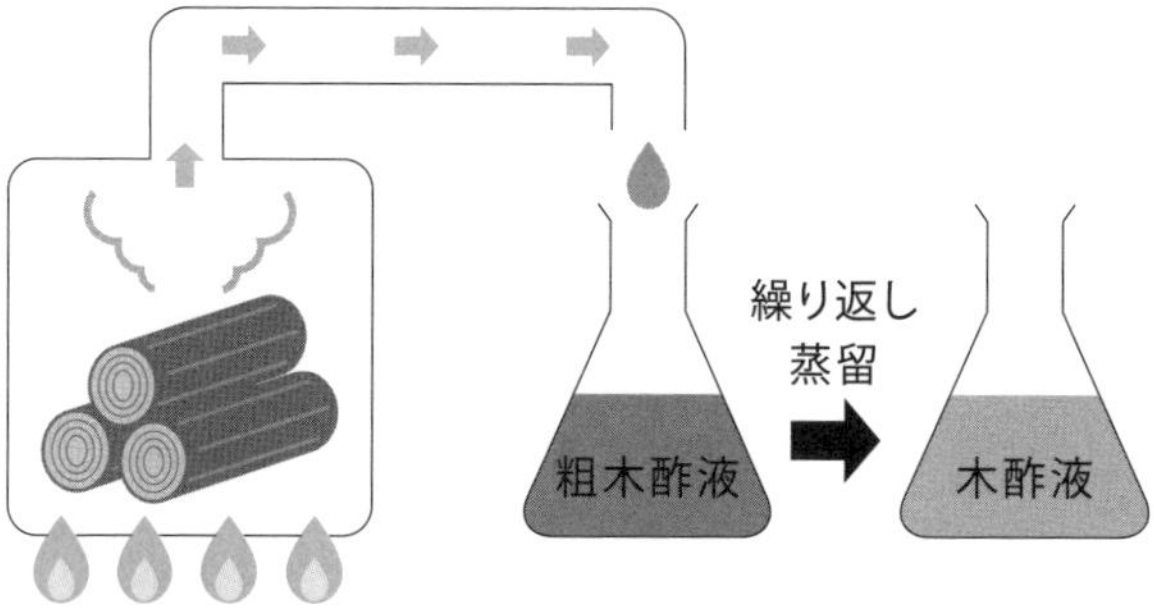

木を焼いたときに出る煙から抽出した粗木酢液を
繰り返し蒸留して高純度の木酢液が完成

葉水の際に水に混ぜる

乳酸菌

乳酸菌は土壌の病原菌を抑制し、菌根菌を活性化させ、根の張りを大変良くします。鉢の中に根がしっかりまわることで、健やかに成長する個体になります。

人間が腸を整えるためにヨーグルトを食べるのと同じく、良い土壌を保つには乳酸菌などの有用微生物の働きが不可欠です。僕は自然栽培麹《こうじ》を原料としたフリーズドライパウダーの乳酸菌を使用しています。人のサプリとしても飲用される高品質の乳酸菌です。ただし、根が非常に発達するので、根詰まり気味の個体へは使用をお控えください。

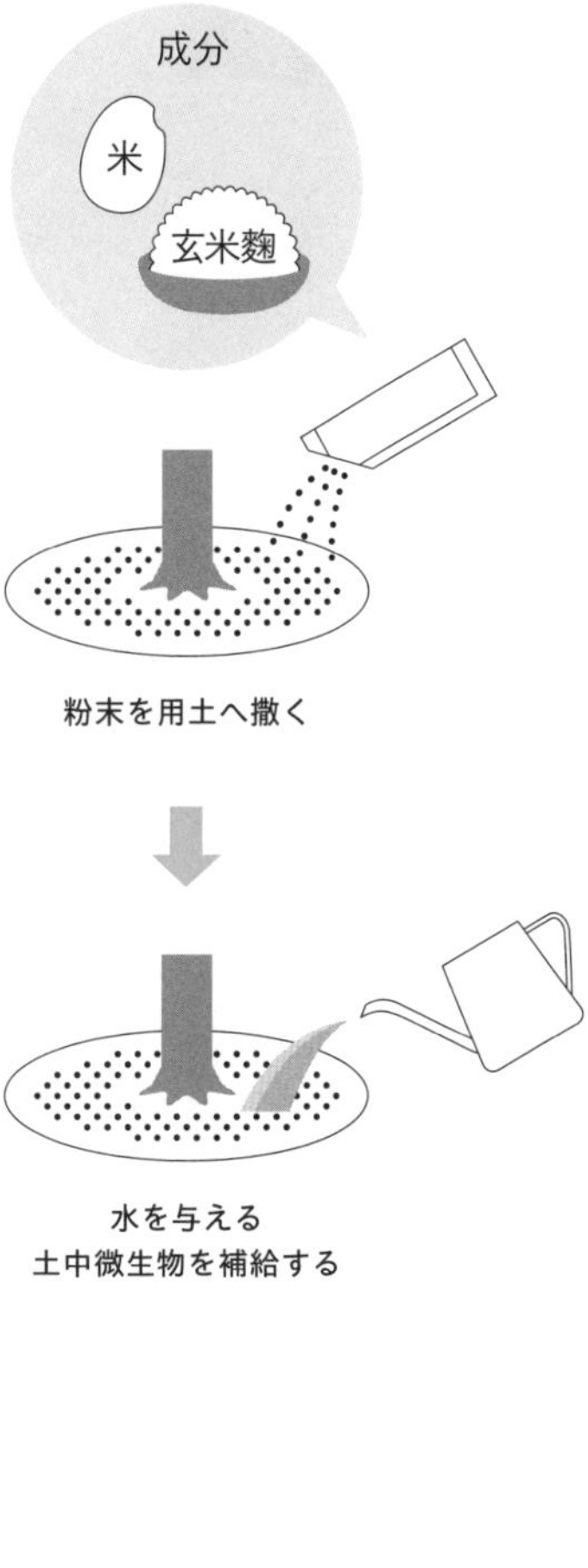

土に撒いたあと、水をかけて土中へ浸透させる

乳酸菌使用あり

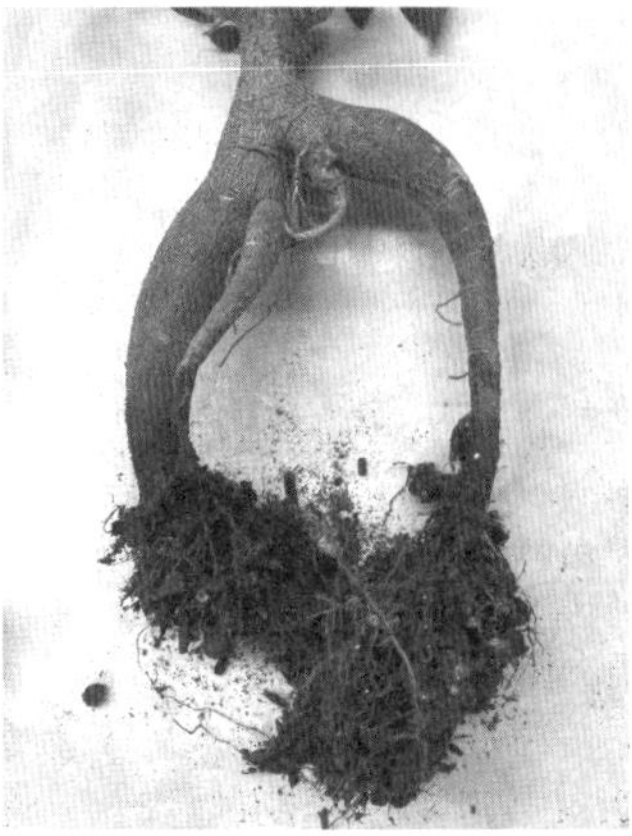

乳酸菌使用なし

腐葉土

日々失われる土中有機物を補い、痩せた土壌を肥沃に変えます。

腐葉土は緩効性肥料効果、土壌団粒化、土壌微生物活性化の機能を持つ土壌改良資材です。定期的に補給することで植え替え周期を延ばす効果が期待できます。

僕は使用済みの無添加・無香料の茶殻を再利用し、米ぬかと乳酸菌で発酵させた自家製腐葉土を作っています。毎日1回の攪拌《かくはん》を約2週間続け、手作業により時間をかけて熟成させていきます。発酵した腐葉土は一粒一粒丸め、約1週間の天日干しで完全に水気を飛ばしたら完成です。

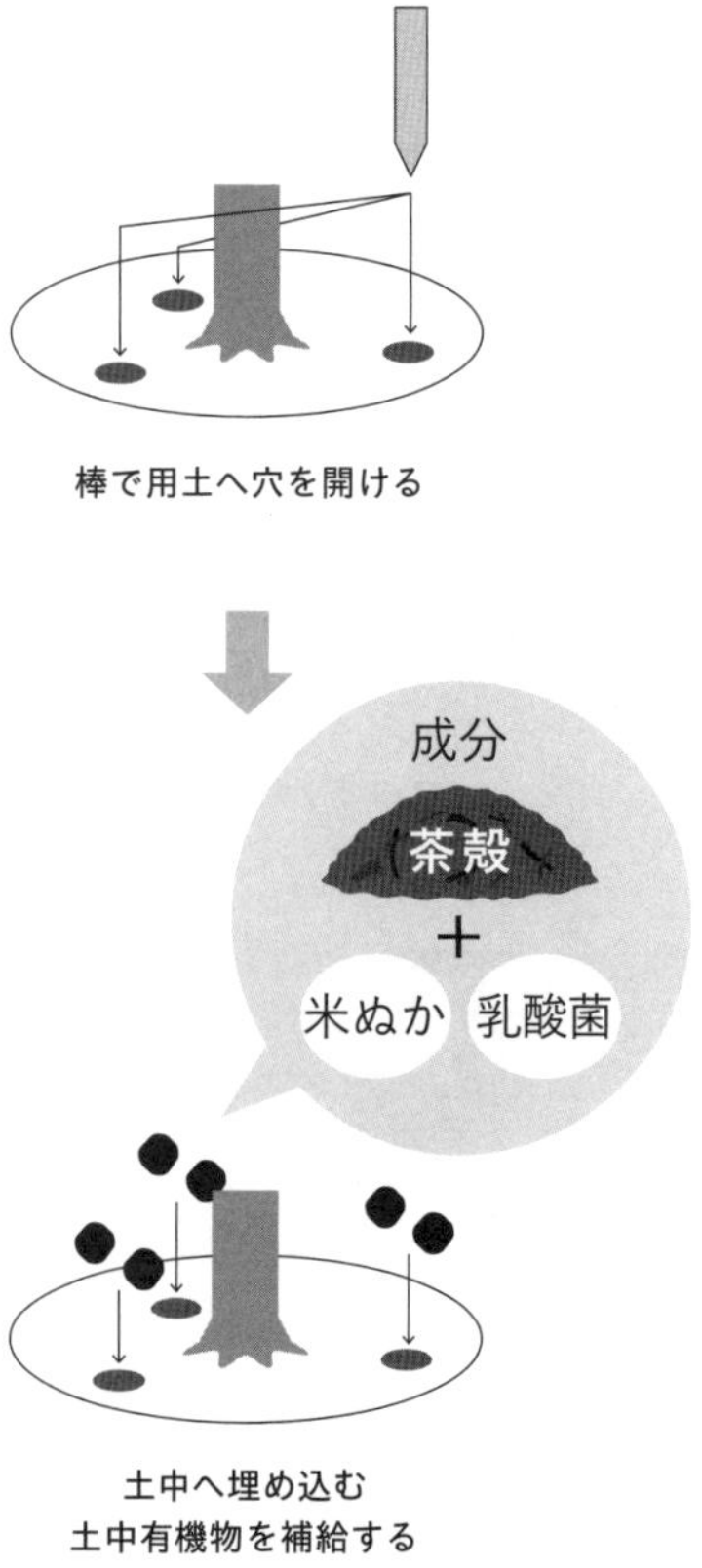

棒で用土へ穴を開ける

土中へ埋め込む
土中有機物を補給する

使用済みの茶殻

米ぬかと乳酸菌を混ぜる

発酵し腐葉土になる

発酵には手間と時間が必要

満遍なく土に埋める

その肥料は、本当に必要ですか？

植物が弱ったら肥料で何とかなる、そう思っている方は多いのではないでしょうか。

しかし、プランツケアで診断すると、肥料不足以前の問題であることがほとんどです。

人間も健康なときに薬を飲んだらかえって不調になるように、的外れな肥料を与えれば植物も逆に弱ってしまいます。

家庭内で観葉植物を健やかに育てるために「追肥はほぼ必要ない」というのが経験上たどり着いた結論です。市販の多くの培養土には、有機質肥料や化学肥料の元肥が含まれています。それらはゆっくりと効果を発揮する緩効性のため、養分が枯渇するには数年かかります。そのため追肥の必要性を感じるほど用土が劣化したら植え替えを行い、新鮮な用土に交換しましょう。養分も大切ですし、団粒構造と腐植も同程度に大切だからです。

ただし、頑《かたく》なに無肥料にこだわる必要はありません。例外として、花が咲いたり実がなったり、大きくエネルギーを消費したときは肥料が必要です。また観葉植物農家が生産過程で大きく育て上げるときにも欠かせません。目的に応じて植物が要求する養分を追肥で補いましょう。

COLUMN 肥料の栄養素

植物の育成に欠かせない養分のうち、多量に必要なのは次の9つの要素です。炭素・酸素・水素・窒素・リン酸・カリウム・カルシウム・マグネシウム・硫黄炭素・酸素・水素は空気や水から供給されます。窒素・リン酸・カリウムは特に多量に必要なことから「肥料の3要素」と呼ばれています。窒素は、タンパク質や葉緑素などを作る主要な成分で「葉肥《はごえ》」とも呼ばれます。リン酸は細胞のもとになる核酸を作り、植物の代謝全般に深くかかわります。開花・結実に影響するため「花肥《はなごえ》」とも呼ばれます。カリウムは光合成を補助したり植物体内の様々な化学反応を促進します。根や茎が発育するため「根肥《ねごえ》」とも呼ばれます。

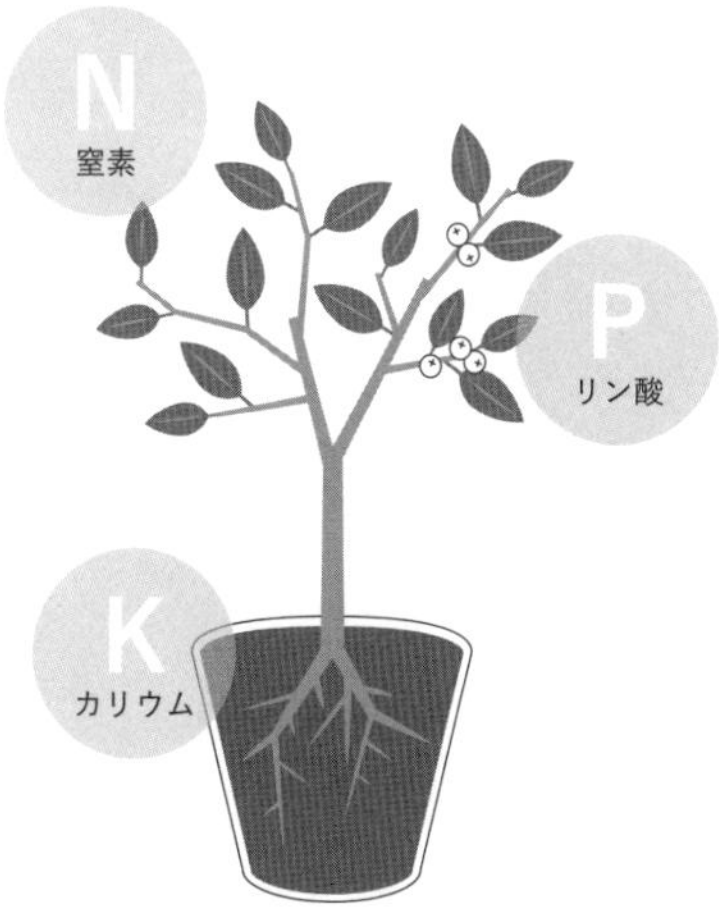

植え替え

大前提として、植え替えは
可能な限り植物の専門店にご相談ください。
なぜなら植え替えは、
人間にとっての手術のような行為に当たるからです。
根は菌根菌などの様々な微生物と共生しており、
その関係を断ち切るリスクがともないます。
植物は大きなストレスを受け非常に体力を消耗します。
そのストレスで植え替えた直後に調子を崩す場合も
少なくありません。
しかし、ご自身で植え替えを楽しみたい方も
いらっしゃると思います。
その際は、後に紹介するプロセスを参考に、
根を傷つけないよう慎重に行ってください。

植え替えが必要なタイミング

植え替えに適切な時期として、一般的には春から秋の温暖な季節が推奨されます。しかし経験上申し上げますと、観葉植物は年間通して問題なく植え替え可能です。理想を言えば室温が20度を下回らないようにしてください。健やかな成長の上で、植え替えが必要なタイミングは次の3点です。

用土の劣化

鉢内の用土も経年劣化します。団粒構造が崩れると保水性も通気性も悪化します。腐植も枯渇するため、土壌微生物が減り土壌環境も急速に悪化します。用土を健全に保つための植え替え周期は2~5年が目安となります（設置環境や管理方法にも影響されます）。

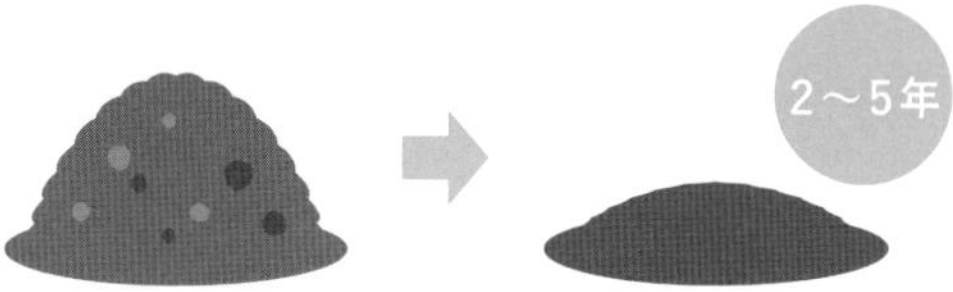

劣化し固くなった土は
腐植も枯渇している

新鮮で肥沃な土は
フカフカしている

根詰まり

鉢底から根が出た、新芽がうまく育たない、葉先から枯れてくる、こういった症状は根詰まりの兆候です。鉢の中に根が充満した状態です。場合によっては、根の力で内側から鉢を突き破ってくることもあります。

不要な根を切り落とすか、ひとまわり大きな鉢への植え替えが必要です。

盆栽では植え替え時に伸び過ぎた根を大胆に切り揃《そろ》えるのが一般的ですが、屋外管理を前提とする植物と、室内管理を前提とする観葉植物では事情が大きく異なります。

観葉植物の根を切る際は細心の注意が必要です。

根が充満し鉢底から出てくる

根が鉢中にまわり込んでいる

株の成長

大きく成長し過ぎて鉢とのバランスが取れなくなったら、まずは剪定《せんてい》で解決できないか検討しましょう。

剪定が難しい場合や株分けしたい場合は、植え替えを行います。サンセベリアやポトスなど、地下茎で増殖する草物系植物は株分けによって増やしていくことが可能です。

鉢とのバランスが崩れている

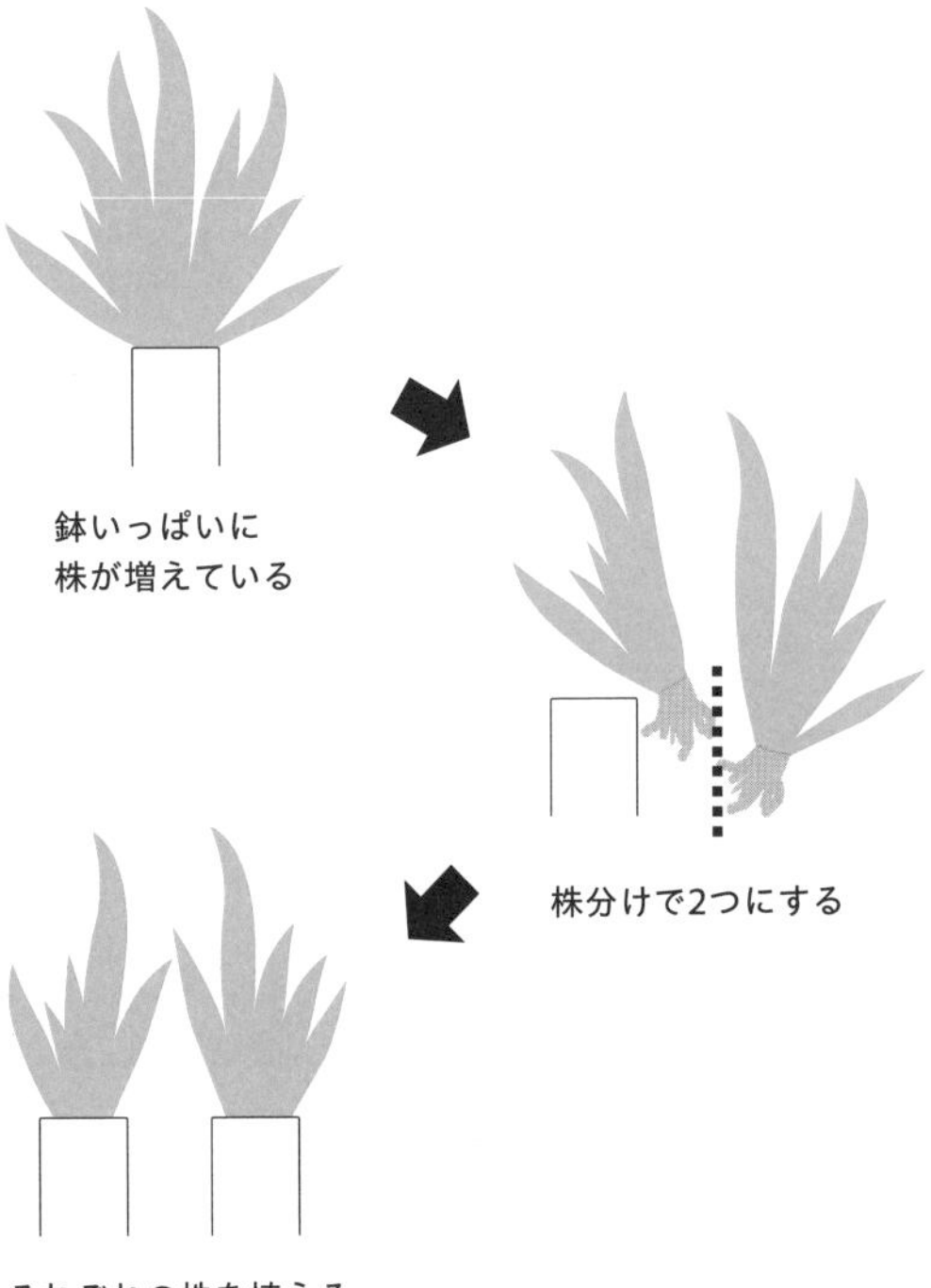
鉢いっぱいに
株が増えている
株分けで2つにする
それぞれの株を植える

植え替えると大きく育つ？

購入時より大きく育てたいという理由で植え替えを希望される場合がありますが、基本的には推奨しません。なぜなら、庭植え植物とは異なり、鉢植え植物を大きく成長させ続けることは非常に困難だからです。

植物は大地に深く深く根を張ることでようやく幹が太ります。鉢植えを前提とする観葉植物をいくら大きな鉢に植え替えたところで、期待するような太い樹に成長させることはほぼ不可能です。あるいは途方もない年月を要します。せいぜい枝が伸びたり芽数が増える程度で、ヒョロヒョロとした姿になりがちです。

大きな植物が欲しい場合は大きな植物を購入しましょう。はじめから欲しいサイズの植物を購入し、成長の度に剪定し、適切なサイズを維持するのが健全な鉢植え植物の育て方です。

「立てる」植え方

当社には代々引き継いできた独自の植え替え技術があります。

根極《ねぎ》めという、株を直立固定させる特殊な植え方で、植物の根を守るためには欠かせない技術です。株がしっかり極まっていると、鉢が揺れても株が傾かないため根を傷めません。

手法は、少量の土を入れたらゆすりながら突き固めて隙間の余分な空気を抜き、また少量の土を足しては突き固め、これを繰り返します。指で押し固める工程を小刻みに繰り返すことが大きな特徴で、根と周りの土をしっかりと据え付けて株を極めます。一般的には1、2回程度しか押し固めませんが、僕は5~10回程度は押し固めます。

作業を見た方から「そんなに押したら逆に根が傷みませんか?」と質問されることもあります。しかしクッション性の高い団粒構造の土壌が根を守るのでその心配はありません。

株を直立させることへの強いこだわりは、当社がいけばなを祖業とする所以《ゆえん》でもあります。いけばなにはその起源とされる「たてはな」があります。花を立てることは神に捧《ささ》げることで、立てる(直立する)ことは特別な意味を持ちます。華道家たちはたった1本の花を立てるために全神経を使います。僕にとって花を立てる(活ける)ことと、植物を植えることの間には垣根がありません。

植え替えのプロセス

1 鉢底穴の上に鉢底網を置き、日向軽石《ひゅうが》（ボラ石）を敷きます。小鉢植物の性質や根の状態を考慮して軽石の量を調整します。小鉢なら１cm程度で十分です。日向軽石は一般の軽石と違い保水性と保肥性に優れます。鉢底石は排水性と通気性を高め、よどみやすい鉢底の環境を健全に保ちます。

2 古い鉢から根鉢（根と用土が一塊になったもの）を抜き出します。突き棒で株まわりの土をほぐし鉢を緩めたら、鉢の縁を優しく叩《たた》き外します。強引に引き抜くと根が傷んだり、細根が切れたりするので丁寧に行います。根鉢の状態によっては、鉢を破壊した方が安全に取り外せます。

3
根鉢をほぐし根と用土の状態を確認します。多くの場合、古い用土は団粒構造が崩れて腐植も失われています。植物の健康を害する要因になるので、可能な限り摘出します。同時に、根は人間における内臓のように繊細です。短時間に最小限の作業で、植物が極力ストレスを感じないように進めます。

4
鉢底石の上に培養土をうっすらと敷き、根鉢の大きさに応じて更に培養土を流し込み高さを調整します。地表面が鉢の縁から2cm程度下になるのが目安です。ここで後にマルチングを施す厚みを確保しておきます。そして、鉢の中に優しく根鉢を収めます。

5 根鉢の周囲にまず少量の培養土をまわし入れます。根鉢をゆすって突き棒で攪拌しながら、内部までしっかりと培養土を送り込みます。なるべく鉢の縁に沿って突き棒を動かし、根を傷めないように注意します。

6 指の腹を使い根鉢の周囲を押し固めます。余分な空気を抜いて無駄な隙間を埋めていくイメージです。指先に神経を集中し、細根が切れない程度の圧力でコントロールします。このとき、株が美しく据わるように向きや角度も微調整しながら進めます。根鉢が仮に据わる感覚を得たら一旦止めます。

7

また土を少量足したら突き棒で送り込み、指で押し固める工程（⑤と⑥）を繰り返します。鉢の大きさによりますが、5～10回程度が目安になります。根鉢が完全に据え付いた感覚を得るまで続けます。株元を指でゆすっても傾かなくなればそこで止めます。

8

株元に適量の乳酸菌を与えます。そして珪酸液を混ぜた水を全体にかけ乳酸菌を溶かし込みます。フリーズドライの乳酸菌は水に戻すことで覚醒します。このときの水やり量は鉢の4分の1程度です。

9
培養土の表面に赤玉土を1cm程度の厚みで敷きマルチングを施します。鉢の内部は腐植が豊富な培養土であっても、表面を無菌の赤玉土で被覆することで虫の飛翔が抑制されます。

10
鉢についた土汚れを払ったら、最後の仕上げです。赤玉土の表面を更にモスシート（乾燥した苔《こけ》）で被覆します。二重のマルチングによって虫を不可視化し、盆栽のような自然な佇《たたず》まいに整えます。

【完成】 根極めによって株がしっかりと据わり、凜《りん》とした立ち姿のガジュマル

病　害　虫

観葉植物に多い病害虫（病気・害虫）の対策は、
「捕殺第一・薬剤第二」です。
異変を発見したらまずは害虫か病気かを判断し、
害虫なら捕殺、病気なら被害箇所を切除します。
発見さえ早ければ大抵はこれで治まります。
しかし、植物の病害虫は
プロでも判別が難しいことがあります。
自分の憶測であれこれ試して失敗するケースも多いので、
判断に迷ったら専門店に相談しましょう。

害虫は最初の数匹なら捕殺で呆気《あっけ》なく解決します。

厄介なのは、数が増え過ぎて植物自体が巣になり、生態系が出来上がってしまったとき。そのような場合は、各病害虫に対応した薬剤を使いましょう。

最近の薬剤は製薬会社の絶えざる研究のおかげで非常に良く効くようになりました。恐ろしいほど覿面《てき》に効果が現れますが、同時に植物も傷めることが多いです。

また薬剤の進化は病害虫の薬剤耐性の進化も促します。薬剤に過度に依存すると、果てしないイタチごっこに陥ってしまいます。使用は最小限にしてください。

全ての虫が害虫ではない

植物に利益をもたらす虫を「益虫」と呼びます。

世界で最も有名な益虫はミミズでしょう。進化論を説いたダーウィンは晩年にミミズ研究に生涯を捧げました。40年に及ぶ研究で、ミミズの糞《ふん》とその活動から生まれる団粒構造が、良質な土壌を形成することを明らかにしました。

人間にとっては不快でも植物に害のない虫は「不快害虫」と呼ばれます。

前述の通り、「害がないなら共生しようよ」というのが僕のスタンスです。

ダーウィンが発見したように、土壌生物は糞や遺体となって天然の腐植をもたらし、更に土まで耕してくれます。人間には不快でも植物にとっては有益でしかありません。「見えること」が不快なら、マルチングによって人間の空間と住み分け、不可視化しましょう。

虫と同様に菌類にも良し悪しがあります。「サプリ」で紹介した乳酸菌や、ブルーチーズのように食用のカビだってあります。悪影響を与える病原菌は除去や防ぐ対策が必要ですが、植物と微生物は共生していることも忘れずにいてください。

『ミミズと土』
チャールズ・ダーウィン 著
渡辺弘之 訳
平凡社

『ダーウィンのミミズの研究』
新妻昭夫 文
杉田比呂美 絵
福音館書店

郵便はがき

料金受取人払郵便

新宿北局承認

9134

差出有効期間
2025年3月
31日まで
切手を貼らずに
お出しください。

169-8790

174

東京都新宿区
北新宿2-21-1
新宿フロントタワー29F

サンマーク出版愛読者係行

ご住所	〒　　都道府県	
フリガナ		☎
お名前		(　　　)
電子メールアドレス		

ご記入されたご住所、お名前、メールアドレスなどは企画の参考、企画用アンケートの依頼、および商品情報の案内の目的にのみ使用するもので、他の目的では使用いたしません。
尚、下記をご希望の方には無料で郵送いたしますので、□欄に✓印を記入し投函して下さい。
□サンマーク出版発行図書目録

1 お買い求めいただいた本の名。

2 本書をお読みになった感想。

3 お買い求めになった書店名。

市・区・郡　　　　町・村　　　　書店

4 本書をお買い求めになった動機は?

・書店で見て　　　・人にすすめられて
・新聞広告を見て(朝日・読売・毎日・日経・その他=　　　)
・雑誌広告を見て(掲載誌=　　　)
・その他(　　　)

ご購読ありがとうございます。今後の出版物の参考とさせていただきますので、上記のアンケートにお答えください。**抽選で毎月10名の方に図書カード(1000円分)をお送りします。**なお、ご記入いただいた個人情報以外のデータは編集資料の他、広告に使用させていただく場合がございます。

5 下記、ご記入お願いします。

ご職業	1 会社員(業種　　　) 3 公務員(職種　　　) 5 主婦		2 自営業(業種　　　) 4 学生(中・高・高専・大・専門・院) 6 その他(　　　)
性別	男・女	年齢	歳

ホームページ　http://www.sunmark.co.jp　　ご協力ありがとうございました。

主な病害虫と益虫の見分け方

植物への害あり

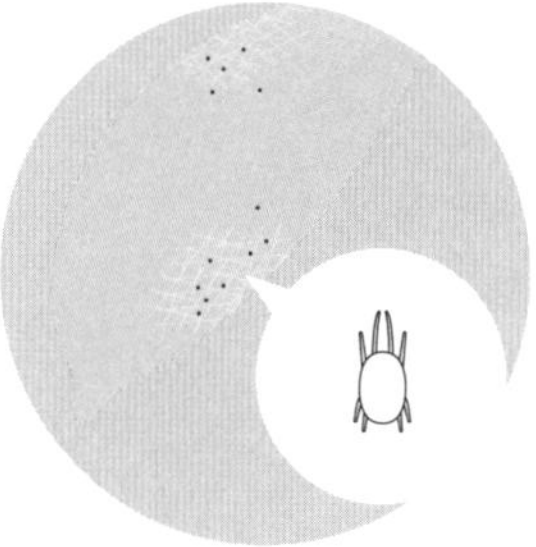

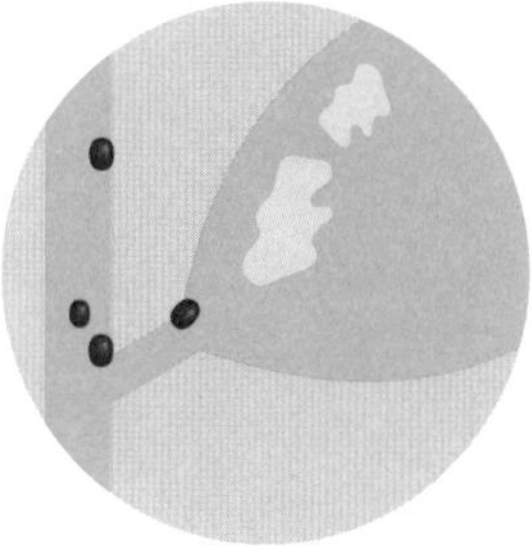

［害虫］
ハダニ

非常に小さく肉眼ではほぼ見えません。主に葉の裏について栄養を吸収し、葉面が粉っぽくなります。群れになるとクモの巣のようなものを張ります。被害が進むと葉の色がカスリ状に薄くなり、白や黄色になります。濡れティッシュで葉裏を拭き取り捕殺します。

［害虫］
カイガラムシ

体長2mm程度で、茶褐色の殻やロウ物質で覆われています。枝や葉について栄養を吸収します。分泌液を出し葉をベトつかせます。この分泌液にカビが発生し病気を誘発します。濡れティッシュで分泌液を拭き取り、ブラシなどでこすり落として捕殺します。

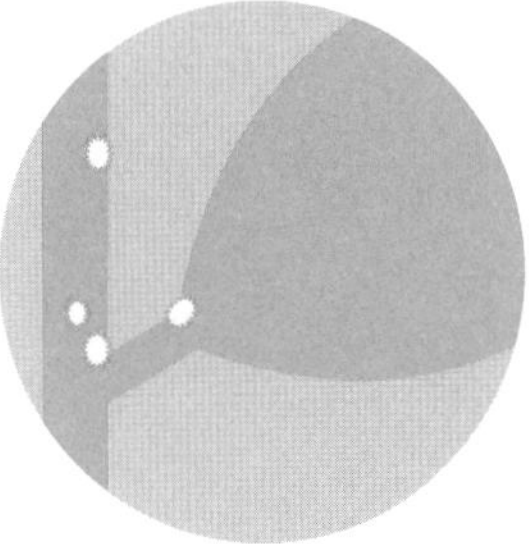

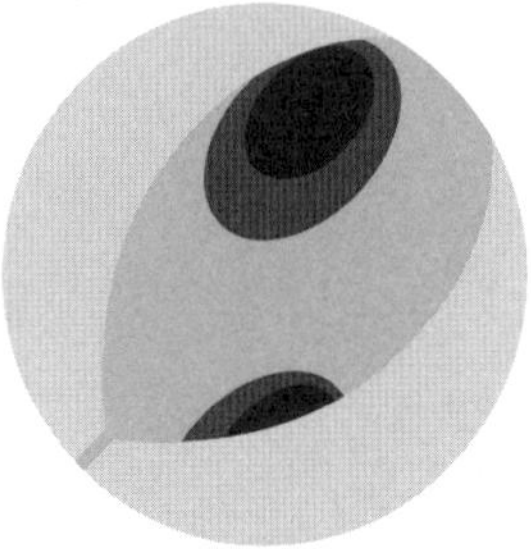

【害虫】
コナカイガラムシ

白くフワフワした綿毛のような見た目です。新芽や葉脈などにつきやすく、栄養を吸収します。見つかりにくい場所に隠れて発生するため発見に苦労します。濡れティッシュで拭き取り捕殺します。

【菌類】
炭そ病

カビによって発生し、葉に黒斑を作ります。どんどん大きくなりやがて葉全体を枯らします。黒くなった箇所は元に戻らないので、被害箇所は全て切り落としてください。放置すると他の葉にも伝染します。再発防止には木酢液の散布が非常に効果的です。梅雨時期などは多湿が原因となることもあるので除湿を心掛け、通気の改善も検討しましょう。

植物への害なし

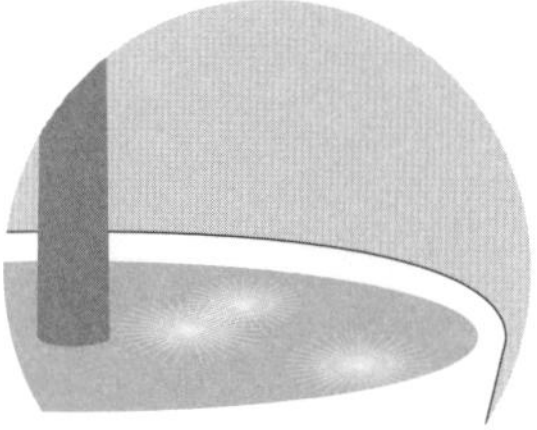

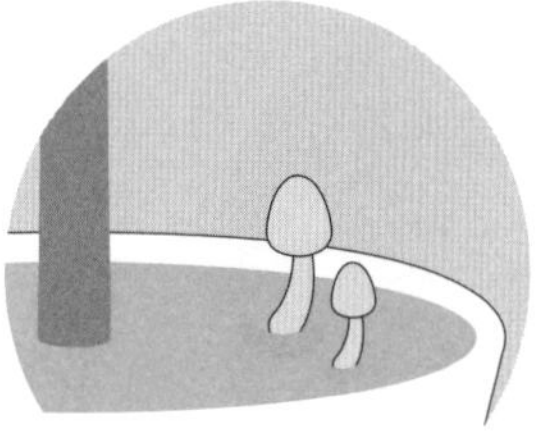

〔菌類〕白カビ

用土の上に白くフカフカとしたカビが広がりますが、植物への悪影響はほぼありません。腐植が多く栄養豊富な用土を好みます。日陰で通気性が悪く、高温多湿な環境には発生しやすくなります。増殖するなど、気になる場合は用土ごと掬《すく》い取って除去し、環境を改善しましょう。再発防止には木酢液の散布が効果的です。

〔菌類〕キノコ

観葉植物の用土には白や黄色のキノコがよく生えますが、植物への悪影響はほぼありません。最も多いのが「コガネキヌカラカサタケ」です。沖縄などの亜熱帯に生息するキノコで鮮やかな黄色が特徴です。高温多湿な環境には発生しやすくなります。増殖するなど、気になる場合は用土ごと掬い取って除去し、環境を改善しましょう。再発防止には木酢液の散布が効果的です。

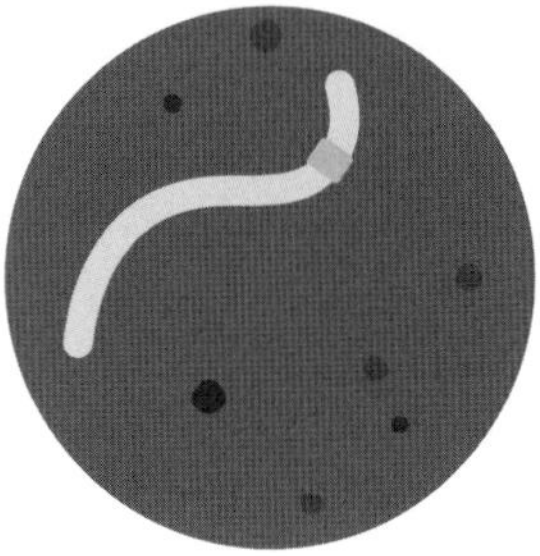 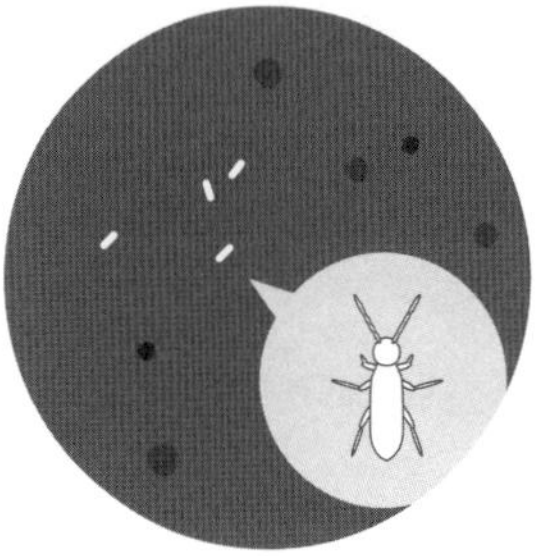

【益虫】
ミミズ

「ミミズのいる土は肥沃な土」と言われます。その通り、最も代表的な益虫です。ミミズは土中の有機物を食べて栄養豊富な糞を出します。また糞自体が団粒構造でもあり、土壌改良にも効果的なので、有機肥料としても売買されるほどです。

【益虫】
トビムシ

用土を耕す益虫の一種です。体長1mm程度の白や銀色の虫で、羽はないので飛翔はしません。土中を動き回り有機物の分解を促進します。気になる場合は用土をしっかりと乾かしてください。用土の湿潤が続いて土中が蒸れると発生しやすくなります。

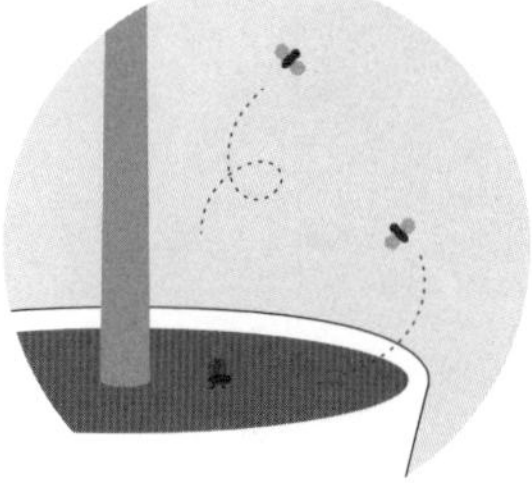

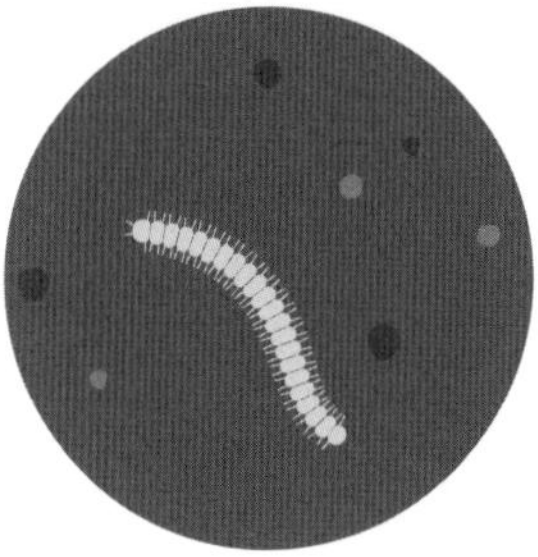

［益虫］
ヤスデ

用土を耕す益虫の一種です。ムカデと似ているために誤解されやすいですが、ヤスデは基本的に人を噛《か》むことはありません。ミミズと同様な働きで、栄養豊富な糞を土中に提供してくれます。気になる場合は用土をしっかりと乾かしてください。用土の湿潤が続いて土中が蒸れると発生しやすくなります。

［不快害虫］
コバエ

体長２mm程度で土中に生息し飛翔します。植物への悪影響はほぼありません。腐植が多く栄養豊富な用土を好みます。無機質のマルチングで飛翔を抑制し不可視化しましょう。気になる場合は用土をしっかりと乾かしてください。用土の湿潤が続いて土中が蒸れてくると発生しやすくなります。

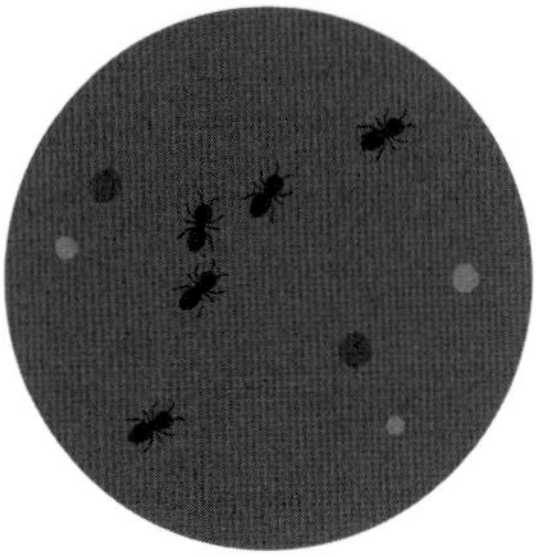

［不快害虫］

アリ

土中に生息します。植物への悪影響はほぼなく、基本的に人を噛むことはありません。植物から蜜をもらう代わりに、他の害虫から植物を防衛しているとも言われます。発生原因の特定が難しく、捕殺による駆除も非常に困難です。その分、アリ専用の薬剤は発達しており効果の高いものばかりです。植物への影響も少ない薬剤が多いので、気になる場合は積極的な使用をおすすめします。

［不快害虫］

クモ

観葉植物に生息するクモの多くは、巣を作らずに歩き回り獲物を捕獲する徘徊《はいかい》型です。植物への悪影響はほぼなく、基本的に人を噛むことはありません。ダニやコバエなどの害虫を駆除してくれるため益虫としての側面もあります。気になる場合はクモが潜みやすい物陰を作らないことが発生の抑制に繋がります。

第２章

ケア入門中級編 ── 健康のケア

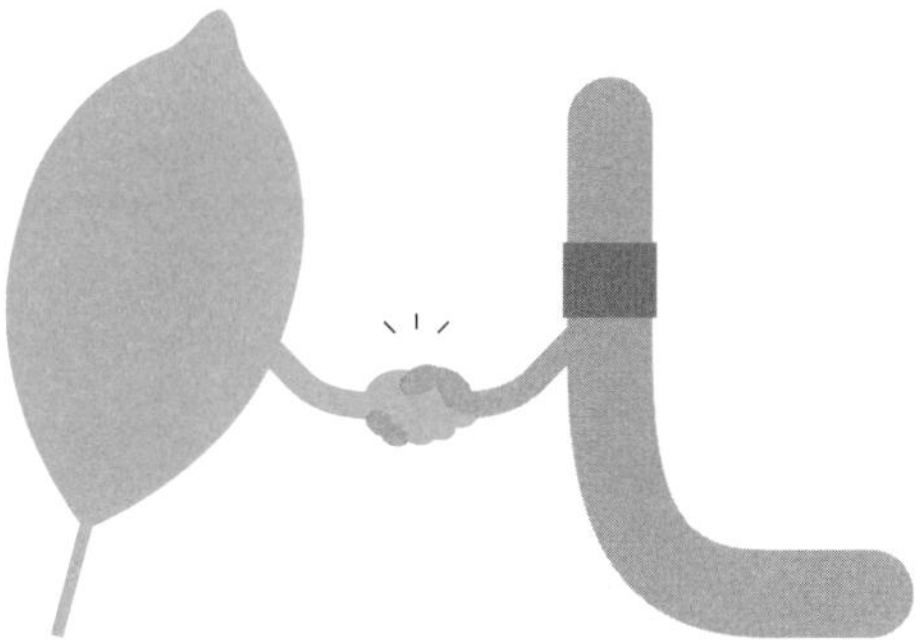

植物をめぐる哲学的エッセイ 2

「家族化」する植物

「ペットは家族」という認識は近年すっかり一般的になりました。

子どもの頃から犬と暮らしてきた僕にとって、今飼っている4代目の愛犬ナイスくん（オーストラリアン・ラブラドゥードル）は言うまでもなく川原家の一員です。

また、川原家には動物の商いを代々続けてきた家系があります。僕の大叔父（祖父の弟）を祖とする親類一家は、ペットショップやペットクリニック、動物園などを営んでいます。住まいも近かったので、川原少年にとって動物とのふれあいは大切な遊びのひとつでした。

そんな生活環境も影響してか、僕はペット産業にも強く興味関心を抱くようになりました。先駆形態として、いずれその潮流は園芸産業にも影響を与えるのではないか？

ペットがいかにして「家族」になったかを知ることは、植物と人間の未来を考える上での視座を高めてくれると思い、ペット産業の観測を始めました。

人間以上に手厚いサービスを受けるペットたち

2011年から毎年春先に、東京国際展示場で「インターペット」というイベントが開催されています。日本最大級のペット産業見本市で、「人とペットのより良いライフスタイルを提案する」というコンセプトのもと、最新の製品やサービスが一堂に会するこのイベントで、僕はペット産業を定点観測しています。

展示はフード・ファッション・アクセサリー・インテリア・レジャーなどの製品から、美容・健康・介護・医療・供養・保健などのサービスまで幅広く網羅しています。

近年のトレンドは「ヒューマングレード」。

オーガニックや無添加食品は序の口で、低脂肪肉や発酵食品も珍しくはありません。健康診断は年2回が推奨されていますし、フィットネスジムや酸素カプセルまであります。家族どころか人間以上に手厚い待遇のサービスが揃っています。

数十年前のペットイメージを抱く方にとっては、俄《にわ》かに信じがたい光景かもしれません。

ペットの「家族化」はいつから？

ペットの「家族化」は2000年代以降に急速に進んだように思います。

どのような傾向を経てペットは家族になったのでしょうか。

僕は定点観測の結果、室内化・小型化・長寿化・擬人化・無能化の5つが要因だと考えています。実は室内化〜擬人化まではペットケア用品の大手「ユニ・チャーム」がペットケアの四大潮流として見解を示したもので、この4点には多くの方が賛同されると思います。

では、最後の「無能化」についてはどうでしょうか。

全米でベストセラーになった『猫はこうして地球を征服した　人の脳からインターネット、生態系まで』（インターシフト）で、著者のアビゲイル・タッカーは「人と暮らす動物のなかで猫はもっとも役に立たない」といった趣旨の指摘をしています。僕はこれを非常に興味深く受け止めました。

人間は役に立つ動物を飼い慣らして繁殖させ、家畜化してきました。

牛からは肉や乳や皮が取れるし、羊からは毛が取れます。馬は交通手段として人間の移動を長らく支え、犬も番犬として大いに活躍しました。かつては猫にも、ネズミ駆除に欠かせないハンターとしての役割がありました。

しかし現代において、ペットとして高い人気を誇る動物たちはどうでしょうか。

かつて番犬として活躍した犬の勇姿はすっかりなりを潜めています。猫にハンターとしての腕前を期待する飼い主はどれだけいるでしょうか。

今では犬も猫もほとんどが純粋な愛玩動物です。そして、犬はまだ散歩をさせてくれますし芸もしてくれますが、近年のペット人気ナンバーワンの猫に至っては、全くと言っていいほど何もしてくれません。


人間の寵愛《ちょうあい》を受ける動物はどんどん無能化している。

言い過ぎでしょうか？

むしろ役に立たないからこそ「家族化」しているのかもしれません。

人間関係に置き換えてみると、僕は妻子や親に「役立つ」ことを期待していません。ただ側にいたい、いて欲しいという心の動きが家族の関係を維持しています。

「役立つ」間は消費の関係であり、「実用」を超越した関係にこそ、家族性は宿るのではないでしょうか。

ペット産業を後追いする園芸産業

2020年からのコロナ禍で観葉植物は爆発的に売れました。

結婚式などのイベント自粛が相次ぎ、壊滅的な損失に見舞われた園芸業界にとって、観葉植物は救世主となりました。

RENでも植物を買い求める方々で行列ができ、入店規制を行うことすらありました。

同時にプランツケアの利用者もかつてないほど急増しました。診断に丸一日かけても応対しきれないほどで、これは開業以来、初めてのことでした。

人間との接触が制限される中、巣ごもり生活の友として植物に「癒し」が期待されたのでしょう。

また、在宅時間も増えて長い時間を共に過ごすことで、植物を家族のように感じる人が増えたのではないでしょうか。

僕が予測した通り、コロナ禍以降の園芸産業はペット産業のように変異し始めています。

怪訝《けげん》に思う方もいるかもしれません。しかし観葉植物は「ペットを家族化した5つの傾向」を全て満たしています。

・室内管理に最適化↓室内化

・かつてはシンボルツリーとして大型が人気だったが、最近は置き場に困らない中型・小型に需要がある↓小型化

・正しく管理すれば人間よりも長生きする↓長寿化

・多くのプランツケア利用者は植物を「この子」と呼んでいたわっている↓擬人化

・観賞目的の観葉植物は何の役にも立たない↓無能化

植物の「家族化」はもう、時間の問題なのかもしれません。

家族としての植物の「死」にも寄りそうサービス

2022年、プランツケアには新たに「植物のグリーフケア」というサービスが加わりました。様々な事情から枯死したり、扱いきれなくなってしまった植物を土に還して弔い、堆肥へ再生するリサイクルサービスです。

そこで生まれた堆肥は「リボーンソイル」として他の植物の糧となり、新たな命へ繋がります。

このサービスを始めるまでずっと気がかりだったことがあります。

それは、ケアを尽くしても枯れてしまった植物の扱いについて。

植物が生きている限りはケアを提供できるし、最終的には下取りにも応じます。

しかし生き物ですからどうしても枯死してしまうことはあります。そんなとき、僕にできることは何もなく、無力さに忸怩《じくじ》たる思いを抱いていました。

そこで思いついたのが植物を堆肥化し弔う「グリーフケア」でした。

お預かりした植物はまず天日干しでしっかりと乾燥させます。完全に水気が抜けたら専用粉砕機にかけて繊維を断ちます。十分に細かくなった植物遺体を自家製腐植へ埋めると、最後は微生物の働きによって分解されます。全工程、約6か月〜1年の時間をかけて堆肥化します。

堆肥へと再生した「リボーンソイル」はサービス利用者の方へお分けしたり、RENの商品や観葉植物の生産農園にも使用していただきます。

このサービスは開始以来、大変、好意的に受け止められています。

植物に抱く感情はペットに抱く感情の映し鏡であると言えるのではないでしょうか。

都市生活者のパートナーとして、植物は今後、より一層「家族化」していくように思えてなりません。

第3章

ケアア入門 上級編

美観のケア

「観賞価値を高める」ことが目的です

美しく整えるって？

良かったあ
川原さんのおかげで元気を取り戻したわ
もっさり…
でも元気過ぎて葉っぱが多過ぎるかも……
「剪定《せんてい》」をしなくちゃダメだと思うんだけど
どのあたりにハサミを入れればいいのかしら……
？？？
お店にある植物たちはみんなすごくかっこいいシルエットだけどあんなふうに形を保つにはどうしたらいいんだろう？

ついに
ザッ
ここまできましたね
ケア上級の高みまで
ゴ ゴ ゴ ゴ ゴ
川原さん!?
ビクッ
お教えしましょう!
「いけばな」からの学びをもとにした剪定の秘儀を!

剪　定

剪定は植物との対話です。
適切にハサミを入れると、
それに応じて植物も美しく成長してくれます。
よく、「枝を切るのは植物がかわいそう」と
感じる方がいますが、ご安心ください。
植物にとっての剪定は人間にとっての「散髪」です。
定期的に美容院に行くように、
年に1、2回程度の剪定は欠かせません。
植物がひとまわり大きく成長したら、
剪定で枝を切り揃《そろ》え、
適当なサイズを維持することが基本です。
元気に伸びた枝を切るのは
抵抗感があるかもしれませんが、
伸びっ放しはむしろ悪影響を及ぼします。
植物の健康と美観を保つためには必要不可欠なケアです。

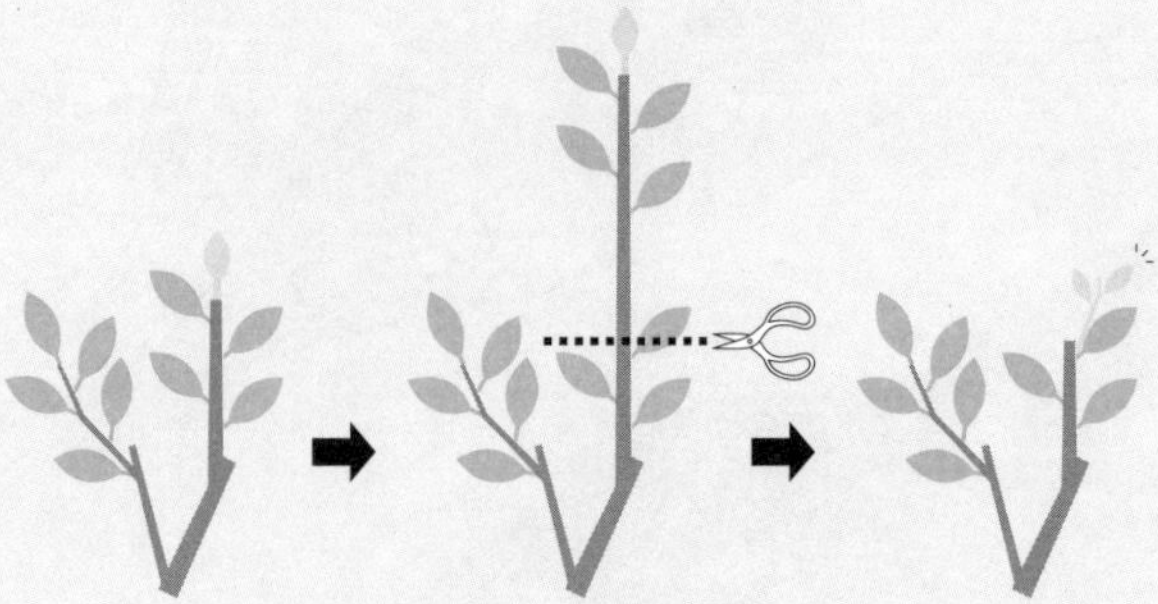

剪定の醍醐味を味わう

プランツケアにおける剪定の本質は「可塑性《かそせい》」にあります。

可塑性とは柔らかさやしなやかさを持ち、臨機応変に変化ができることを表します。

つまり、失敗しても何度でもやり直せるという意味です。

植物を長く育てていると、判断の誤りによって色々なトラブルが起こります。その多くの場合、剪定でリセットしてやり直せることが観葉植物の醍醐味《だいごみ》です。プランツケアの真髄は剪定にあると言っても過言ではありません。

剪定は「健康のための剪定」と「美観のための剪定」の2種に分かれます。

前者は、P.84「枯落とし」で扱いました。ここでは後者のケアを中心に扱いますが、実は相互に関係し合います。健康のための剪定は結果的に美観を作り、美観のための剪定も結果的に健康に影響します。

植物の活き活きとした姿は、人間を含めた動物にとって、本能的に「美」を感じさせます。自然界では、植物が健やかに成長したあとには実りが訪れます。それに気がつかない鈍感な動物は飢えてしまいます。実りに敏感であるために、健やかさが美へと脳内変換されるようになったのではないでしょうか。

剪定についてよくある誤解

剪定について最も多い誤解は、「枝を切ったらそこで終わってしまう」というものです。しかしご心配には及びません。植物さえ健康であれば、剪定した枝先からは必ず新芽が出ます。品種によってすぐ出るものと出にくいものはありますが、成長期になれば確実に萌芽《ほうが》します。そうでない場合は健康状態を疑ってください。

ここでは木になる樹木系の植物を前提にしますが、草物系の植物は事情が異なるので第４章の「植物別ケア」をご覧ください。

成長した枝を放置して伸ばし続けるといずれ下葉が落葉します。これは自然現象ですが、美観的にはおすすめできません。更に時間が経《た》つと、伸びた枝の先端だけに葉が生えて内部は禿《は》げ、ヒョロヒョロでスカスカな印象になります。

一方、適切な剪定を繰り返すと、剪定した枝先からは次々と新芽が展開し、下葉もほぼ落葉しません。葉はコンパクトで高密度に繁り、美しい樹形に育っていきます。

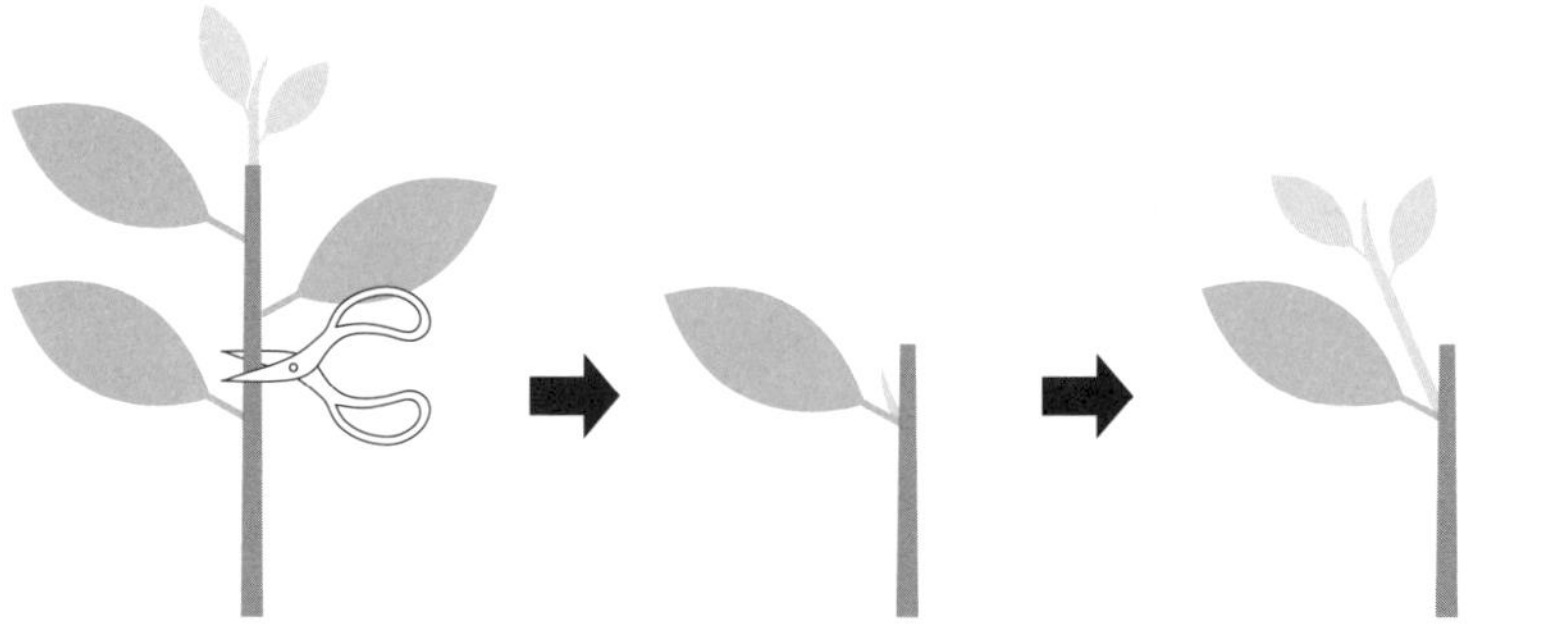

新芽の枝を剪定する　枝先から萌芽する　新しい芽が成長する

次に多い誤解がハサミを入れる位置です。剪定の目的は枝の更新なので、成長点の切り替えが必須です。つまりハサミを入れるのは今ある新芽の枝です。この点についても「せっかく新芽が出ているのにかわいそう」という声がありますが、悪影響はなく、次世代にバトンが渡るだけです。枝の付け根を5mm程度残して剪定するとより新芽が出やすくなります。

基本的には季節を問わずに剪定しても問題ありません。僕は樹形の乱れが気になったらその都度行います。目安は年に1、2回、春と秋の終わり頃をおすすめします。春と秋の過ごしやすい気候は観葉植物にとっての成長期に当たります。成長期を経て伸び過ぎた枝や思わぬ方向へ展開した枝を、乱れた樹形を整えるイメージで剪定しましょう。

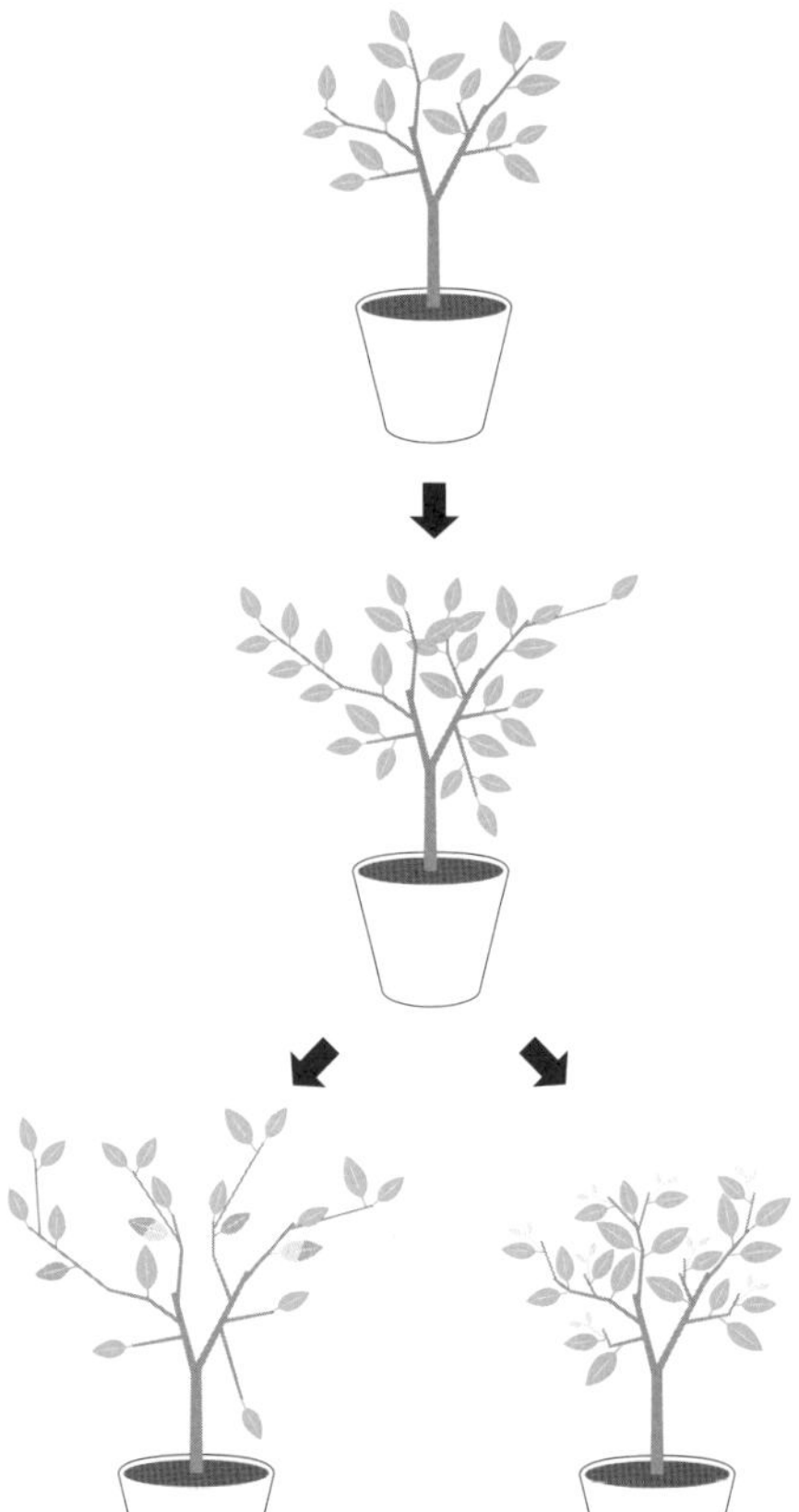
伸ばし続けると
美観を損なう
適切な剪定で
美観を保つ

剪定の基本となる性質

剪定では「頂《ちょう》芽《が》優勢《ゆうせい》」という植物の性質を利用します。文字通り、枝の先端にある頂部の芽ほど早く発芽して伸びるというもので、この性質により下部にある脇芽の成長が抑えられます。仮に脇芽が作られていても、頂芽を差し置いて発芽することはなく休眠状態となります。頂芽優勢は植物ホルモンの働きによって起こります。頂芽で作られた植物ホルモンが重力で下部に流れて脇芽の成長を抑えると言われます。これは森の中でライバルよりも早く上へ伸びて光を獲得し、自然淘汰《とうた》を生き抜くためのメカニズムだと考えられています。

この性質は、程度の大小はあっても、ほぼ全ての観葉植物に当てはまります。上手に利用して剪定を行い意図した樹形へ仕立てます。多くの場合、新芽が出るのは頂部の葉の付け根からです。新芽

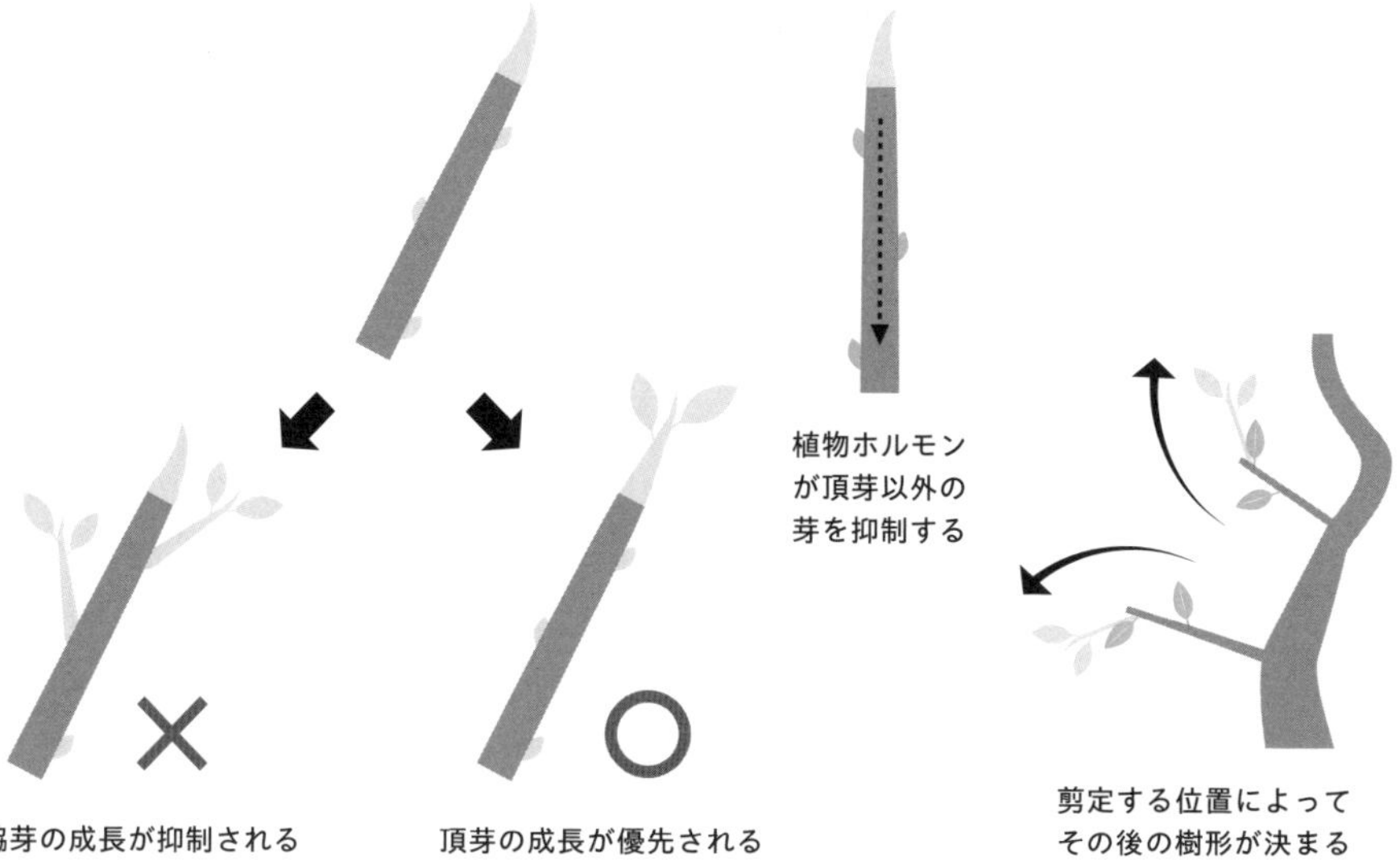

植物ホルモンが頂芽以外の芽を抑制する

脇芽の成長が抑制される
頂芽の成長が優先される
剪定する位置によってその後の樹形が決まる

を出したい向きを考えながら剪定しましょう。

いけばなと剪定

剪定についての美学は盆栽家や庭師、園芸家の数だけあります。RENでは全てにおいていけばな的な剪定を施しているため、しばしば「観葉植物なのになぜか和を感じる」との感想をいただきます。最も影響を受けたいけばなからの学びをもとに、僕の考える自然美の三原則、「不等辺三角形」「草木の出生《しゅっしょう》」「動きの予感」を紹介します。

まずは「不等辺三角形」です。数百以上あるとされるいけばな流派において、ほぼ全てに共通するのは三点で美を作ること。その三点は「真・副・体」や、「天・地・人」などと呼ばれ、三本の役枝となって不等辺三角形を構成します。

大切なのは正三角形でも二等辺三角形でもなく、不等辺三角形という点です。日本人の美意識

いけばなの美学の根幹となるのが「不等辺三角形」

でよく語られる「破調の美」に由来するもので、不安定な非対称性の中に調和を見出《みいだ》そうとする感性です。いけばなの基本花型は、様々な不等辺三角形の組み合わせによって説明できます。盆栽の世界でも美の基本として不等辺三角形が採用されています。その複雑な安定感が自然界の理想として用いられます。

次は「草木の出生」で、いけばなの根幹となる思想です。草木が育った環境や本来の生態こそが美しい、という考えで出生美とも呼ばれます。自然な植物の姿に理想を求めるもので、いけばなに限らず、盆栽や庭園など日本の園芸文化全てに共通すると言えるでしょう。

いけばなの作法では、水際（器からの植物の立ち上がり箇所）や、役枝の出所《しゅっしょ》（中心から枝分かれするところ）を整えます。具体的には、下枝や下葉を丁寧に剪定し、株元や枝元の生え際の美し

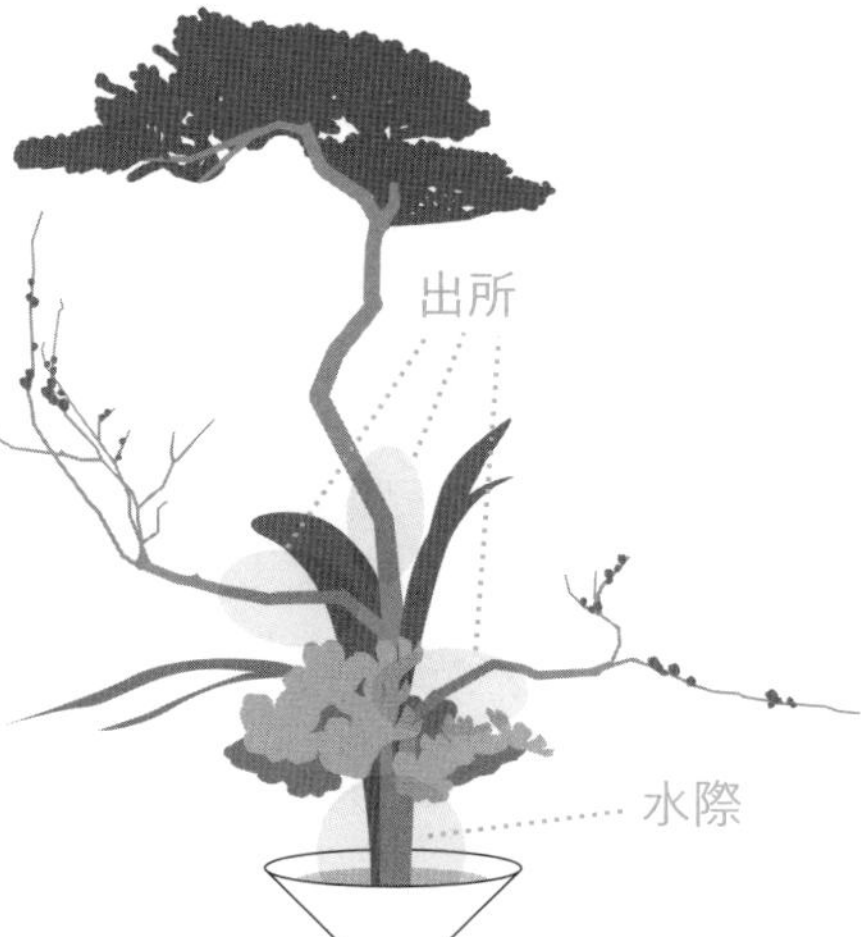

さを強調します。

最後は「動きの予感」で、風の流れを感じさせる意味を持ちます。後述する「吹き流し」は、盆栽の代表的な仕立てで、強い風を一方向から受けてなびく姿に作り込みます。この「吹き流し」のように、自然界に見られる植物の動きは風の影響を強く受けています。逆に言えば、風を感じさせるように剪定すれば、自然な植物の動きのようになります。

僕が影響を受けたいけばなの先生は、風の気配について特に思い入れが強い方でした。活けた枝と枝の間に心地よい風の流れを感じるか、いつも厳しくご指導いただきました。植物の健康において、通気がいかに重要かは繰り返し述べてきましたが、いけばなもまた、美の観点において通気を重視することは必然の一致だと思っています。

風を感じさせる樹形は美観と健康を両立させる

忌《い》み枝

樹形の美しさを乱し観賞価値を下げる枝を忌み枝と呼びます。これらは除去対象として扱います。美しさを損なうために不必要とされますが、実際は、通気の悪化や光合成を阻害することが大きな要因です。この点においても美観と健康は符合します。

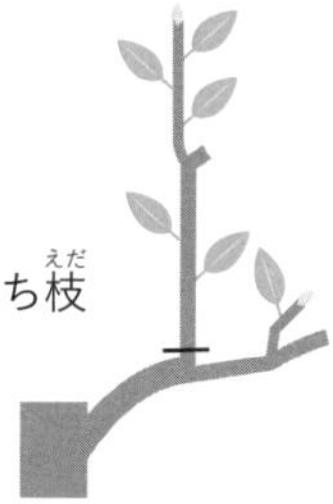

立《た》ち枝《えだ》

真上に強く伸びる枝。
勢いが強過ぎて樹形を乱す

落《お》ち枝《えだ》

下向きに伸びる枝。
弱りやすいためあらかじめ切る

平行枝《へいこうえだ》

近い位置で同じ方向に出る枝。
どちらか一方を切る

逆枝《ぎゃくえだ》

幹側に向かって伸びる枝。
逆方向に不自然に伸びるため切る

腹枝《はらえだ》

幹の曲の内側から出る枝。曲の見栄えを汚すため切る。曲の面がはっきりとする

交差枝《こうさえだ》

他の枝や幹と交差する枝。
不自然になるので切る

徒長枝《とちょうえだ》

上方に長く太く伸びる枝。勢いが強く、他の枝の成長が鈍る。伸び過ぎた枝元の最も近い芽の上で切る

太枝《ふとえだ》

枝の途中から太く生える枝。
強くなり過ぎて樹形を乱す

幹の同じ位置から放射状に生える複数の枝。
間引いて整える

左右や前後に幹を貫くように見える枝。
どちらか一方を切る

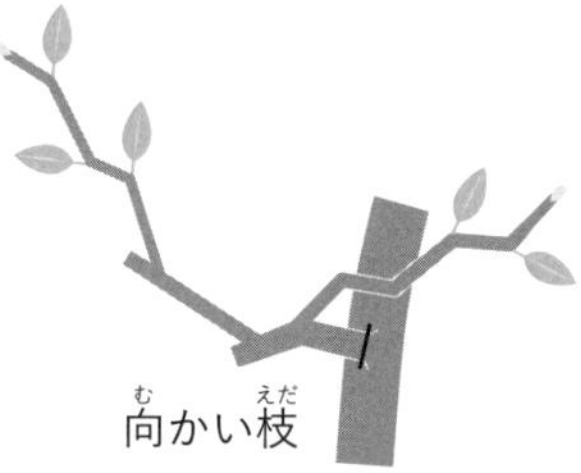

正面に向かって突き出る枝。枝の下部から生えると幹を隠すため切る。
枝の上部から生える枝は切らない

U字に曲がって生える枝。
不自然なので切る

忌み枝を剪定した前後の違いは明らかです。枝の間には十分な風の流れが確保され、全ての枝葉に日光が行き届きます。剪定直後は寂しく感じるかもしれませんが、時間が経てば次世代の新芽たちが次々に動き出します。

人間の髪の毛だって散髪直後はなんだか違和感があるものです。

剪定前

剪定後

美しい樹形の基本型

立《りっ》花《か》調《ちょう》

いけばなの根源である華道家元池坊の伝統様式「立花」に基づいた樹形です。立花は多くの役枝を用いて大自然の理想的な風景を表現します。室町時代に成立した最も古いいけばなの様式で、「立華」と表記された時代もありました。立花調は、いくつもの不等辺三角形がひとつの樹形の中で組み合わさるように仕立てます。それによって様々な向きに伸びる枝々を、非対称でありながら安定感のある樹形へ整えます。

生花調《しょうかちょう》

同じく、華道家元池坊の伝統様式「生花」に基づいた樹形です。生花は少ない役枝を用いて、大地から伸び立つ草木の出生を表現するものです。格式高い立花よりも簡略な花型が求められ、江戸時代中期に成立した様式です。より親しみやすい生花の誕生によっていけばなの裾野が大きく拡大しました。生花調は、ひとつの大きな不等辺三角形に内包された樹形へと仕立てます。同時に出生美にも留意します。自然に立ち上がってきたような佇《たたず》まいを意識し地際の美しさを際立たせます。

吹《ふ》き流《なが》し

一方からの強い風に煽《あお》られ続け、過酷な環境でも生き抜く姿を表現した樹形です。大きく片側に傾き横に枝を伸ばすように仕立てます。観賞者が風の存在を感じるように作り込みます。

文人調《ぶんじんちょう》

周囲の木々との生存競争から勝ち抜くために成長したかのように、すっと高く立ち上がった樹形です。細身の幹に最小限の葉をつけたさまは、侘《わ》び寂びの情緒を感じさせます。その名の通り江戸時代から文人墨客に愛されてきたことが名の由来です。

模様木《もようぎ》

幹が前後左右に曲がりS字のような模様を描きます。頭頂部と根元の基点が一直線に結ばれるものがより良い形とされます。静と動が調和した堂々たる風格を持ち、盆栽を代表する樹形のひとつです。

整　形
～観賞価値を高める仕立て方～

観賞価値を更に高めるために行うのが整形です。
剪定が散髪ならば、
整形はパーマやカラーリングに相当します。
あるいは歯列矯正やホワイトニングに
近いかもしれません。
剪定だけでは引き出せない魅力を深めます。

根《ね》上《あが》り

通常は地中に埋まっている根を露出させた仕立てです。長い年月によって根が迫《せ》り上がってきたような堂々とした風格が生まれます。古木のような趣きと厳しい環境を耐え抜く生命力を感じさせます。手間をかけて仕立てただけの観賞価値が高まります。また、根がしっかりと育っている丈夫な個体の証しにもなります。

根を掘り下げる方法が主流ですが、幹を堀で囲い用土を満たして放置することで、幹からの発根を誘発する方法もあります。

「根上り」の仕立て方

1 根上りを施す前のガジュマルです。素朴で画一的な印象です。ガジュマルの良さが活かされていません。根上りにうってつけの個体です。

2 鉢から株を取り出し、根を掘り下げていきます。根掻《か》きで根をほぐしブラシで土を落とします。細根の扱いは慎重に、太根の扱いは大胆に、余計なストレスをかけないように手早く行います。

3 露出させた株元をシャワーの水流で洗い、汚れを綺麗《きれい》に落とします。こびりついた微細な土汚れは、細い金ブラシなどでこすり取って仕上げます。

4 基部が膨れた堂々たる風格です。根を露出させたことでガジュマル本来の良さが活かされました。特徴に乏しかった個体も根上りに仕立てることで観賞価値が高まります。

気《き》根《こん》

地上部の幹から垂れ下がる根のことをさします。多くの場合、大気中の水分を得ようとして発達します。湿度の高い環境で用土を乾燥気味に育てると、より速く発生が促進されます。伸びた気根が地面に到着すると、そのまま太く発達し幹のように自身を支える支柱根へと変化します。特にガジュマルに代表されるフィカス系は気根の発生が顕著です。数多くの気根を垂れ下げた仕立ては圧巻で、観葉植物ならではの観賞点と言えます。

誘引《ゆういん》

ひと枝ひと枝を紐《ひも》で吊《つ》って矯正する緻密な仕立て方法です。植物によってよく曲がる品種や箇所が異なります。無理に誘引すると折れてしまうので、植物に負担がかかり過ぎないよう見極めます。かなり強い力で枝を引きつけるため、麻紐やビニール紐など植物を傷めない素材が適しています。盆栽の世界では太い針金と万力を使用して誘引を行います。樹形が固定されるには数か月～1年かかります。

矯《た》め

いけばなでは枝を曲げていく技術を「矯め」と呼びます。最も一般的なのが折り矯めです。手のひらの付け根や指を枝に押し当て少しずつ力を加え、角度をつけて矯正していきます。より強い矯正が必要なら針金で矯めていきます。針金は補正する枝の太さの3分の1程度、枝の長さの1・5倍程度で用意します。枝を曲げる箇所の外側に沿わせるように、基本的に45度の角度で等間隔に巻き上げます。枝を右に曲げるときは右巻き（時計まわりで右向き）に、左に曲げるときは左巻き（反時計まわりで左向き）にします。

添《そ》え木《ぎ》

自立が困難な幹や枝を支えて補強します。庭園で松などに竹を添えて支柱としているのはよく目にする光景です。蔓《つる》性のモンステラやポトスなど、成長とともに枝垂れていく品種には添え木での補正が効果的です。支柱には竹や木などの天然素材を使用すると悪目立ちしません。紐や針金を使用して植物に固定しましょう。その際に注意したいのは、必要最低限にすることです。グルグル巻きになってしまうと自然な佇まいが損なわれてしまいます。

再生
～よみがえる植物～

プランツケアのサービスの中でも
異彩を放つのが「下取りと再生」です。
うまく育てられなくて枯れかけたり、
引越しなどの様々な事情から
不要になった植物を下取りし、
養生・仕立て直したものが「リボーンプランツ®」です。
枯れ木を再生させた、
世界にひとつだけの植物として再販します。
この取り組みは業界初、観葉植物の二次流通です。
そもそも植物は
「経年美化」を前提とする稀《まれ》な生き物です。
多くの消費財とは真逆で、
時間を重ねることにより美しく成長し、
ヴィンテージのように価値が増します。
手間こそかかりますが気長に養生することで、
それぞれの個体が持つ物語が
独特な趣きとなって現れます。
ここではその再生技術の一端を紹介します。

before

before

after

after

舎利《しゃり》

木の枯れの部分をあえて残し特別な加工を施した仕立てのことです。いけばなや盆栽で古くから用いられてきた伝統的な技法で、「舎利」はお釈迦《しゃか》様の遺骨を意味する仏教用語です。枯れた枝や趣きに欠ける幹の皮を剝ぎ、殺菌消毒して白骨化した風情を出します。

一般的には枯れた枝は根元から切り落としてしまいます。しかし経年トラブルを逆手に取ることで、植物の表現の幅を広げ観賞性をより高めてくれます。食器では割れや欠けなどを金粉と漆で修復する「金継ぎ」が一般的です。舎利は植物版のアップサイクルとも言えます。植物を長く楽しむための優れたケア技法です。

「舎利」の仕立て方

1 枯れてしまった枝の樹皮を小刀で剥ぎます。そして先端を割ったり彫刻刀などで削って更に自然な趣きを出します。

2 樹皮や繊維質のケバ立ちをガスバーナーで炙《あぶ》って取ります。仕上げに金ブラシや紙やすりで表面を滑らかに整えます。

3 腐食防止のため石灰硫黄合剤を筆で満遍なく塗布します。半日程度乾燥させると白色に変化します。経年により白骨化したような痕跡を感じさせます。古木のように幹肌の表情が深まり、独特の風合いが生まれます。

取《と》り木《き》

木の途中から発根させた幹を切り取って、新たな株を仕立て直す技法です。樹形が間延びした場合に優れた手段となります。該当箇所の樹皮を剝ぎ、湿らせた水苔《みずごけ》を巻き付けてビニールなどで覆います。発根が確認できたら切り離し、植え付けたら新たな株となります。

before

after

解《ほど》き木《ぎ》

不自然な仕立てを解き、その植物がより自然に見える仕立てに再生する技術です。特に三つ編みや五つ編みなどに仕立てられたパキラが多く流通しています。編み込まれた幹のうち、数本だけが枯死するケースの相談が非常に多くあります。絡み合った根に注意しながら枯死した幹だけを分離し、健常な株を活かします。

before

⬇

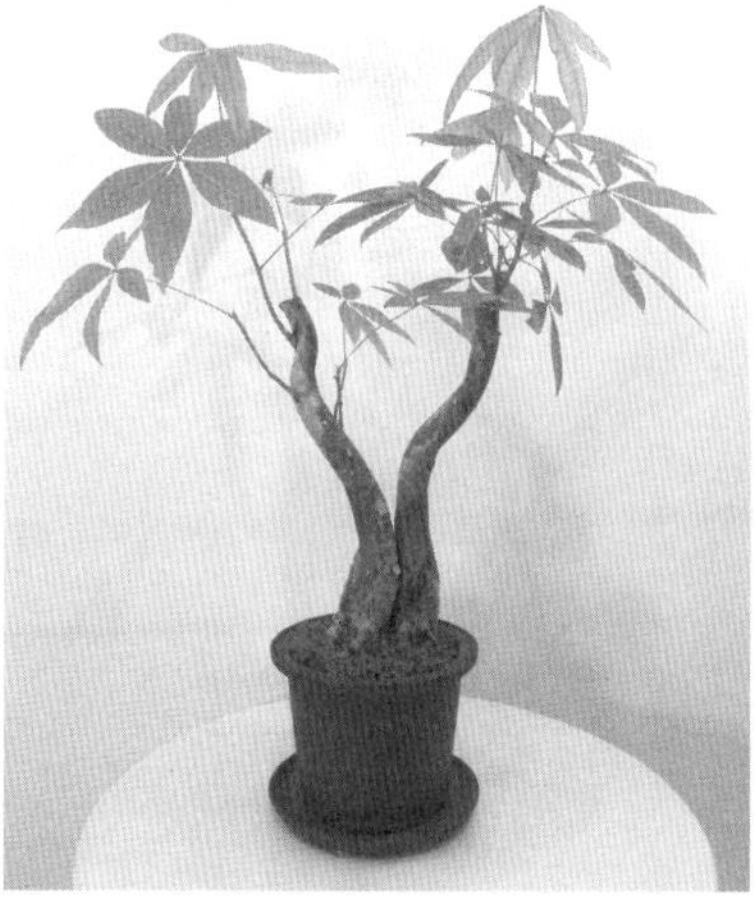

after

寸胴切《ずんどぎ》り

太い枝や幹を一直線に切り落とす技法です。樹形が著しく乱れたときの最後の再生手段です。不自然な樹形になりやすく庭園や盆栽では好まれません。観葉植物の場合、上手に養生するとむしろ個性的な樹形に仕立て上がります。切り戻し剪定や強剪定などとも呼ばれます。大きな切り口から腐朽しやすいため、癒合剤をしっかりと塗布します。

before

after

幹伏《みきぶ》せ

幹ごと横倒しに伏せて養生し、枝に大胆な曲を作る技法です。吹き流し樹形を仕立てる際に役立ちます。何度も掘り起こしては向きを変えて植え直すことで、更に複雑な曲を作り込むこともあります。

before

after

植物をめぐる哲学的エッセイ ③
「活ける」の思想

「もったいない」という言葉は英語にすることが難しい日本語のひとつです。

2004年にノーベル平和賞を受賞したケニア人女性のワンガリ・マータイは、初来日の際「もったいない」という言葉に出会います。環境保護活動家であるマータイは、自然とうまく付き合う上での様々な感性が、たった一言に包含されていると感銘を受けました。

そして「もったいない」を環境保護の世界共通語として広めることを提唱しました。その結果、「MOTTAINAI」は日本発の思想として世界に広まりました。このように日本独自の感性は世界共通語では語れないアイデアをたくさん生み出してきました。

約500年前に誕生した「いけばな」もそのひとつです。今では日本を語る上で外せない文化に育ちました。

皆さんはいけばなと聞いて何を思い浮かべますか？

そのイメージは世代によって大きく異なると思います。華道人口がピークを迎えた

1980年前後では、茶道とともに花嫁修行の一環として一世を風靡《ふうび》しました。個性的な華道家が様々なメディアで活躍する今日では「植物を用いて自己の感性を表現するアート」という理解が大多数でしょう。

果たして、いけばなはアートなのでしょうか？

死と隣り合わせの戦国時代に支持された

15世紀の中頃、時は室町時代。京都六角堂の僧侶であった池坊専慶を開祖とするいけばなの根源、華道家元「池坊」は誕生しました。

池坊により生み出された「いけばな」とは、文字通り花を活かすことです。

つまり、植物の最適な姿を導き出す「最適化」です。

作者の個性や奇をてらった表現とは対極に、素材の要求に対する素直さが最も優先されました。料理でたとえるならば寿司《すし》のようなものです。魚の味をそのまま活かし「素材のなりたい姿」を引き出すのです。

いけばなは僧侶による供花として始まりました。その後、床の間を備えた書院造りの出現により定位置を得て、「室内のしつらえ」として確固たる地位を築きました。そして戦国時代に、精神修養を目的とした武士のたしなみ事のひとつとして、江戸時代に隆盛を極めます。

切り取られ死へと向かう花と対峙《たいじ》し、いかに活かすかを知る。

戦乱の武家社会でいけばなの思想が支持されたのは大変興味深いですね。

アートとしてのいけばな誕生

時代は流れ、明治維新と二度の大戦を経て日本にも安定が訪れると、いけばなを取り巻く状況も一変します。床の間にあることを前提とした花型は古典花と呼ばれ、本来の概念は徐々に影を潜めていきました。

そして現代の空間に適した型として、生け手の自由な感性によって活けられる「自由花」が各流派によって考案されました。こうして「アートとしてのいけばな」というイメージが形作られていき今日に至ります。

いけばなの持つアートとしての側面は疑う余地もありません。

特に前衛的な作風で最もよく知られる草月流創始者の勅使河原蒼風《てしがはらそうふう》は、没後もなお世界中で賞賛を浴び続けるスーパースターです。同時代のダリやピカソと肩を並べた日本人アーティストとしても、著しい功績を残しました。

しかし、いけばな500年の歴史から見れば、その功績もまた「側面」と言わざるをえません。

既にある個性を最大化する

当社は1919年にいけばな花材専門店として創業しました。約一世紀にわたり、池坊・草月流を筆頭に様々な流派の黒子としてお手伝いしてきました。流派の分け隔てなく裏方として携わった経験により、いけばなへ俯瞰《ふかん》した視点を得たことは僕の貴重な財産です。

アートとしてのいけばなももちろん大好きですが、個人的にはいけばな発祥当時のピュアな思想に惹《ひ》きつけられます。相手が植物という完成された素材だからこそ、作者の独創性に引き寄せるのではなく、既にある植物の個性を見出し最大化することに大きな可能性を感じます。

「いけばな」は「もったいない」と同様、本質的に英訳することが困難です。

そのハードルを一段と上げているのが「活ける」という思想。無理やり訳するならば〝make it appropriate〟あたりが適当でしょうが、どうにも畏敬の念が込められず的を射ません。

そこにはやはり一神教と多神教の隔たりに端を発する、自然観の違いが大きく立ちはだかっています。日本的園芸観は自然の神格化を前提としていますが、その思想を欧米でも真に理解してもらうには、なかなか骨を折りそうです。

しかし、だからこそ大きな可能性を感じています。

繰り返しますが「活ける」とは「植物の最適化」なのです。

相手が本来なりたい姿を引き出す

知覚心理学者のジェームズ・J・ギブソンは、アフォーダンス理論を提唱しました。

アフォーダンスは「与える」という意味の「アフォード（afford）」から考えられた造語で、環境が受け手に対して与える「意味」や「価値」のことです。ギブソンは、「アフォーダンスは環境の側にあり、認知主体である動物がそれらに気がつくだけだ」と主張します。

アフォーダンス理論はアートや建築などクリエイティブな現場にも広がります。日本でいち早く取り入れたのは、プロダクトデザイナーで日本民藝館館長の深澤直人でした。

深澤は『デザインの生態学　新しいデザインの教科書』（東京書籍）で、アフォーダンスに即した「傘立て」の例を紹介しています。

出先で傘立てがなかった場合、多くの人は床のタイルの目地に合わせて傘を立てます。それは傘が滑って倒れないように環境を利用し、ほとんど無意識に行われることです。それならば、タイルの目地と同じ幅の溝をあらかじめ掘っておくことは「傘立て」のデザインになりえるのではないかと。

このように受け手が「デザイン」と意識せずに目的が達成されるのが優れたデザインであると言います。

僕は「活ける」も「アフォーダンス」と非常に密接な思想だと考えています。活け手は、素材自体が本来秘めている「なりたい姿」を引き出すだけです。それはまるで合気道のように、相手を許容し主従逆転したときにのみ訪れます。「活ける」は自然との折り合いなくして達成することができません。

20世紀に人類を大きく前進させたかに見えた欧米型資本主義は、大量生産・大量消費によって真逆な結果を生み、自然と人類の間に埋めがたい大きな溝を作りました。これからはアジアの時代だ、という言説は近年よく聞かれます。僕は環境問題において日本的園芸観がこれからの世界を牽引していくと考えています。

それには「活ける」いう思想が一役買ってくれることでしょう。

プランツケアを始めて50年後……

第4章

植物別ケア

ケアの観点から大別すると
観葉植物は樹木系と草物系に分かれます。
木のような性質か、草のような性質かによって
基本的なケアが変わります。
更に解像度を上げるため、
「フィカス系」「シェフレラ系」「ドラセナ系」
「草物系」「その他」の5つに分類して、
それぞれ適切なケアを紹介します。
セルフケアや剪定は品種によって
大きく異なりますので、ケア入門の中級・上級編も
参考にしてください。

フィカス系

ガジュマルを筆頭に最も普及している樹木系植物です。通称「ゴムノキ」とも呼ばれ、幹や葉から白濁した樹液が出ます。代表的な葉は卵形や楕円形ですが、細葉や小葉など多様な品種があります。非常に強健な性質で成長も早く、萌芽《ほうが》も旺盛です。頂芽優勢の仕組みも顕著に現れるので、剪定《せんてい》の醍醐味《だいごみ》も味わえ、気根の発達も楽しみのひとつです。初心者の最初の一鉢に最も相応《ふさわ》しい植物としておすすめします。ハダニが発生しやすいので注意が必要です。

【主な品種】ガジュマル／ベンジャミン／アルテシマ／ウンベラータ／ベンガレンシス

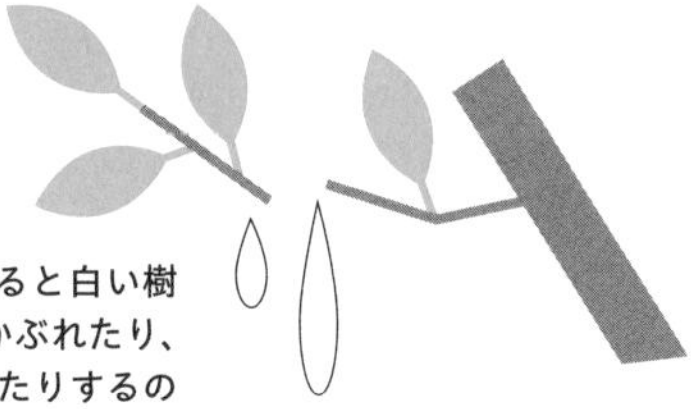

枝葉を切ったり、傷つけると白い樹液が出る。皮膚につくとかぶれたり、床に落ちるとシミになったりするので注意する

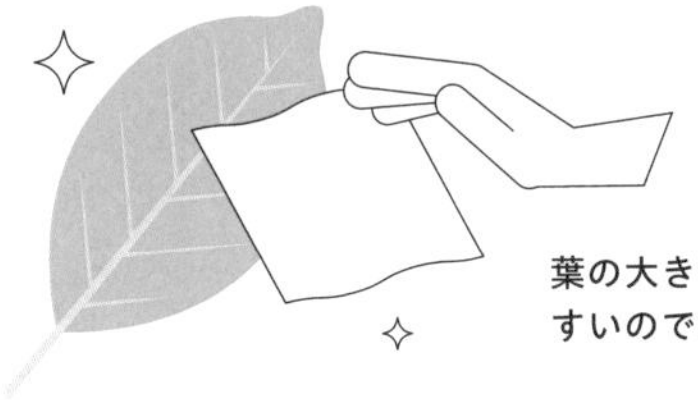

葉の大きな品種はホコリが溜《た》まりやすいので小まめに葉磨きすると良い

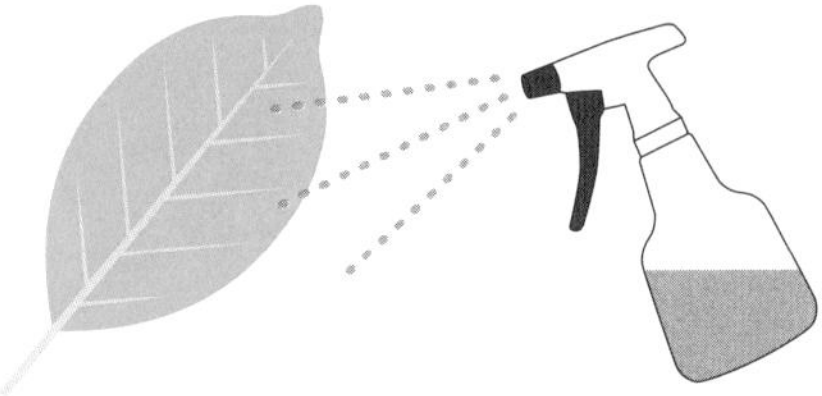

特にウンベラータなどの葉の薄い品種は乾燥によって葉が傷みやすいので、小まめに葉水を与えると良い

特にアルテシマなどの日光を好む品種や、ウンベラータなどの寒さに弱い品種もあるので注意する

シェフレラ系

シェフレラも代表的な樹木系植物のひとつです。旺盛に繁る手のひら型の葉とよく発達する気根が特徴で、一鉢だけで森のような存在感があります。管理しやすく種類も豊富なため、様々なシーンで取り入れられています。用土が湿った状態が長く続くと根腐れしやすいので、しっかり乾燥させてから水やりしましょう。「台湾モミジ」とも呼ばれるポリシャスは比較的寒さに弱いので注意が必要です。細葉で和の雰囲気があるアラレアも人気です。繁った葉の物陰にカイガラムシが発生しやすいので注意しましょう。性質上、舎利《しゃり》の仕立てと相性が良い品種が多いです。

［主な品種］アルボリコラ／コンパクタ／ツピダンサス／アラレア／ブラッサイア／ポリシャス

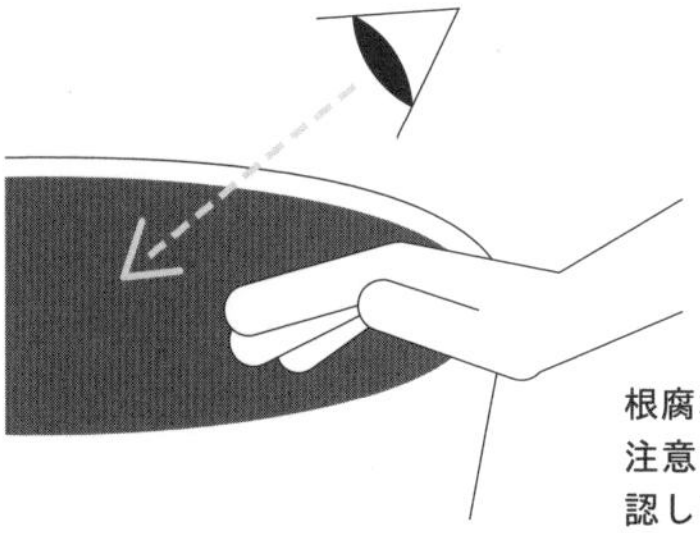

根腐れしやすいので水の与え過ぎに
注意する。用土の乾燥をしっかり確
認してから与える

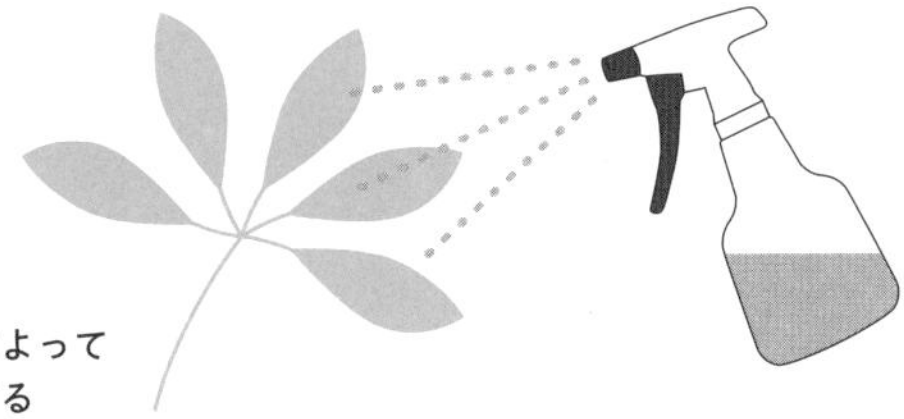

適度な葉水によって
気根が成長する

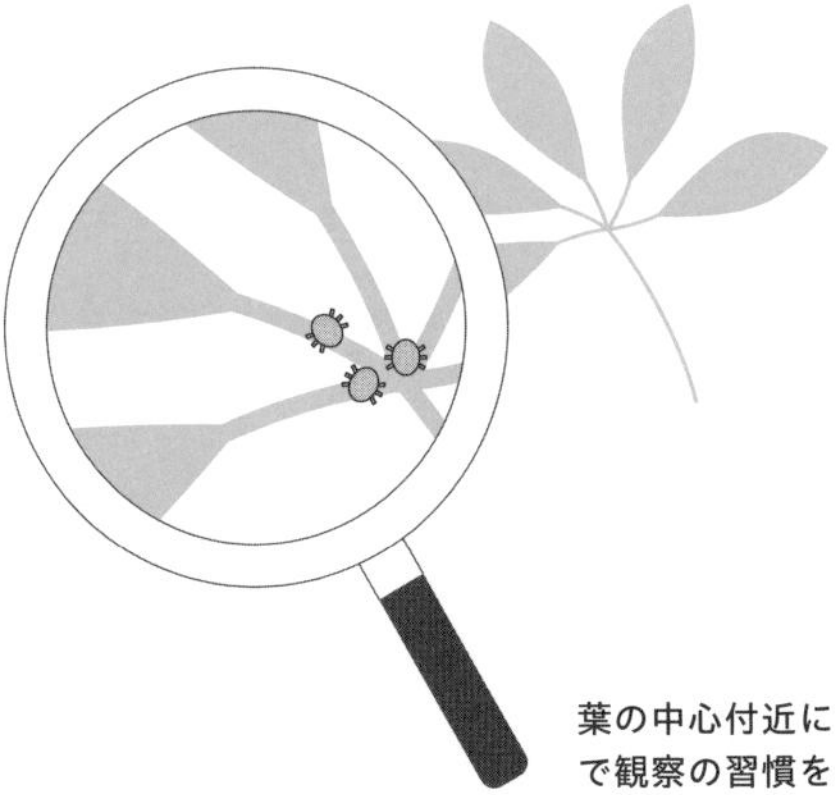

葉の中心付近に虫が発生しやすいの
で観察の習慣をつける

ドラセナ系

熱帯アフリカ原産の品種が多く乾燥に強い樹木系植物です。放射状の細葉が上に伸びて、花火のように枝が展開する性質です。枯葉跡が幹に作る縞《しま》模様は他の植物にはない風情がありま す。萌芽が旺盛ではない品種が多く、頻繁な剪定には向きません。枝が伸び過ぎてしまったときには剪定で大きく切り戻すことをおすすめします。コンシンネなどの枝の柔らかい品種は、誘引で樹形を仕立てることも可能です。地下茎がよく発達する品種も多いため、じっくり育て根上りに仕立てる楽しみがあります。葉先の枯れは枯落としで対応します。

【主な品種】ドラセナ・コンシンネ／ドラセナ・コンパクタ
ユッカ・エレファンティペス／トックリラン

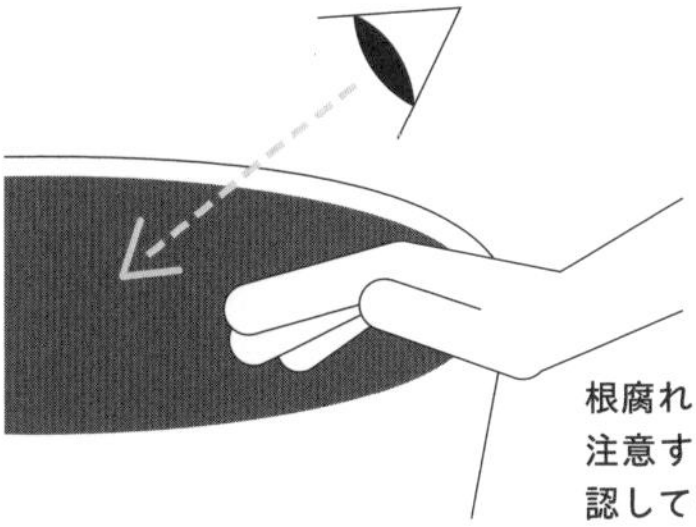

根腐れしやすいので水の与え過ぎに注意する。用土の乾燥をしっかり確認してから与える

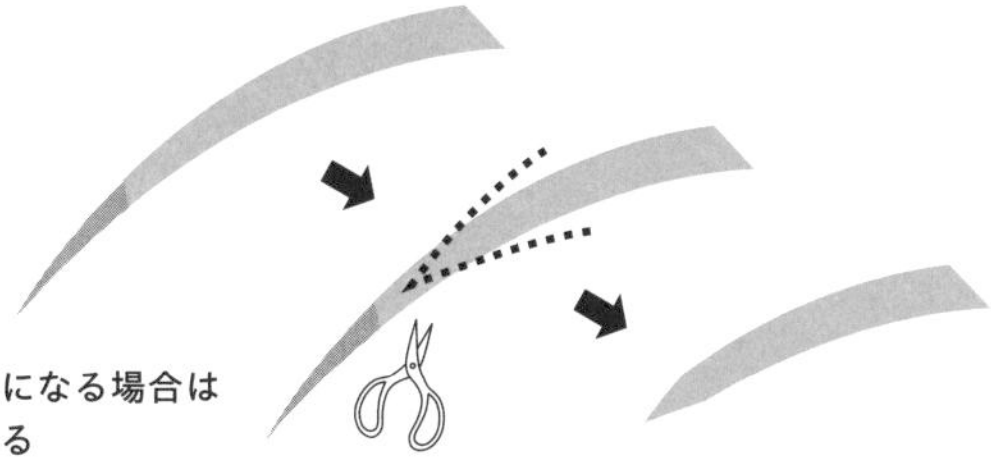

葉先の傷みが気になる場合は枯落としで整える

葉の付け根に虫が発生しやすい。小まめな葉水で予防する

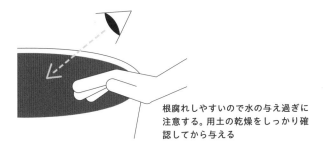

草物系

草物系植物の多くは大木の株元を這《は》ったり、幹をよじ登ったりして自生しています。そのため耐陰性が高く生命力の強いことが特徴です。株分けで増やすのも比較的容易に行えます。適度な湿度は好みますが蒸れには弱いです。多湿な環境では葉水を控えてください。特に葉透かしは蒸れ防止に有効です。一部の草物系植物は樹木系植物と剪定方法が異なるので注意が必要です。ストレリチアなど、新芽を切ってしまうと成長点の切り替えができない品種もあります。その場合は伸び続ける性質を活かし、添え木で仕立てることがおすすめです。品種によって習性が異なるので、詳しい対応については専門店にお問い合わせください。

【主な品種】ポトス／モンステラ／ペペロミア
フィロデンドロン／アグラオネマ

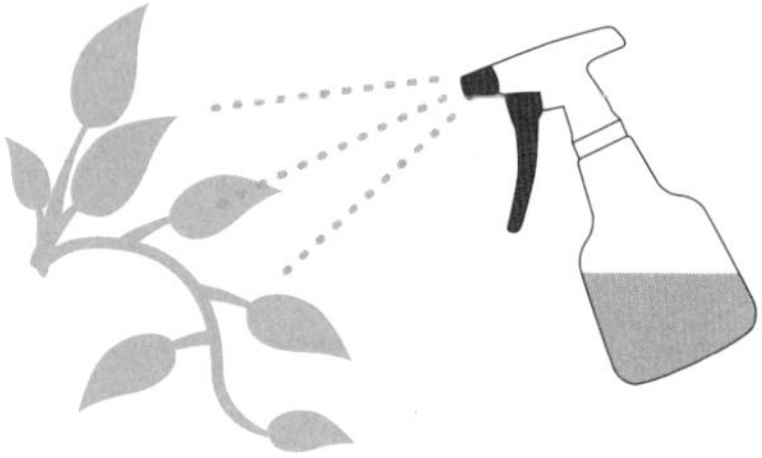

株元への過度な葉水は根腐れの原因になるので注意

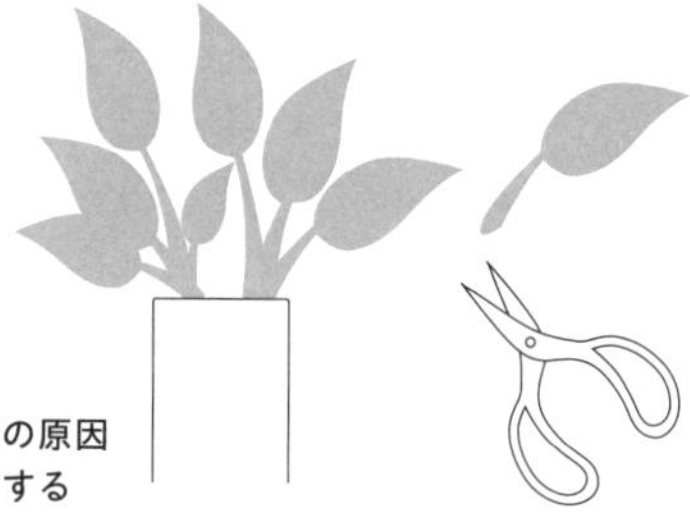

葉が繁り過ぎると蒸れや落葉の原因になるので小まめに葉透かしする

伸び続ける品種は添え木で仕立てると美しく整えやすい

その他　パキラ

管理しやすい樹木系植物の代表格です。メキシコなどの中南米原産で乾燥に強く、病害虫の耐性も高く非常に強健な性質です。オフィスなどの管理を怠ってしまいがちな環境にもおすすめです。大きく瑞々《みずみず》しい手のひら型の葉とよく太る幹が特徴です。巷《ちまた》では三つ編み状に仕立てられた樹形が有名です。しかし本来のパキラは、自然な植生を活かした樹形が非常に魅力的な植物です。実生株なら株元が肥大化するため根上りにも仕立てられます。

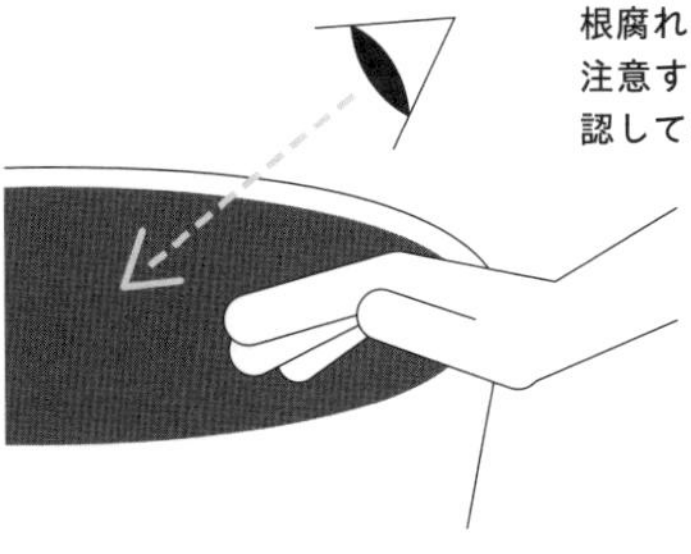

根腐れしやすいので水の与え過ぎに注意する。用土の乾燥をしっかり確認してから与える

枝分かれしにくいので、ある程度の高さが出たら剪定で大胆に切り戻すと美しい樹形を保ちやすい

その他
エバーフレッシュ

樹木系の中で最も上品で柔らかい印象を持つ植物です。そよそよと揺れる繊細で細かな複葉が特徴です。ネムノキのような就眠運動も魅力的で、朝になると葉を広げ、日が暮れると葉を閉じる習性があります。夜になると眠るようなその仕草から、ペットと暮らすような感覚を得られます。乾燥には弱く水枯れを起こしやすいので注意が必要です。また比較的寒さにも弱いです。萌芽が旺盛なので、剪定で自由に樹形を仕立てられるのも楽しみのひとつです。

乾燥に弱く水枯れしやすい。極端に用土を乾燥させないように注意する

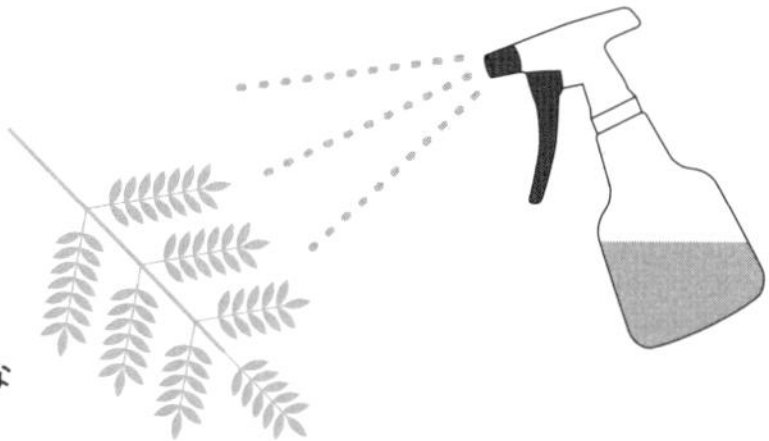

葉が薄く小さいので小まめな葉水で乾燥を防ぐ

その他　サンセベリア

多肉質の尖《とが》った葉が特徴の草物系植物です。乾燥に強く耐陰性も高いため、全観葉植物の中でもトップクラスの耐環境性です。またほとんどの病害虫にも高い耐性があります。成長が遅いため育てる楽しみは感じにくいかもしれません。比較的寒さに弱い点と、水のやり過ぎには注意が必要です。サンセベリアは剪定による成長点の切り替えができません。地下茎で新芽が増えていくので、その性質を活かして仕立てましょう。増え過ぎた子株は容易に株分けも可能です。

［主な品種］ゼラニカ
ローレンチ／キリンドリカ

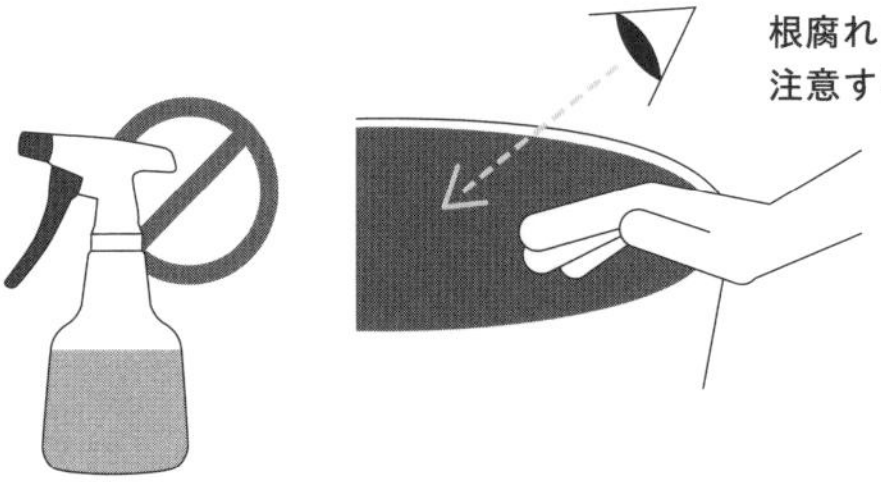

根腐れしやすいので水の与え過ぎに注意する。葉水もあまり必要ない

葉先の傷みが気になる場合は枯落としで整える

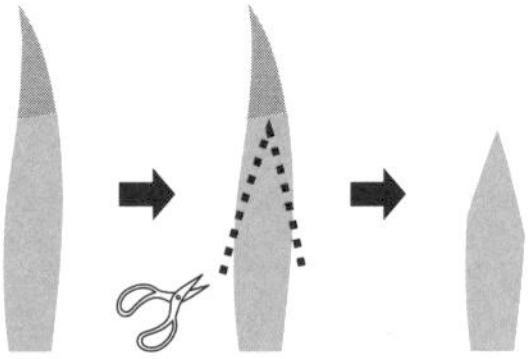

特に寒さが苦手なので冬場の管理には注意する

その他　ヤシ

南国風な草物系植物の代表格です。造園などで用いられるヤシには木の幹のように太く成長する品種もあります。多くの品種は耐陰性が低く日光を好みます。日光が不足すると徒長しやすく樹形が崩れる原因となりますが、例外的にテーブルヤシは耐陰性が高く育てやすい品種です。ヤシも剪定による成長点の切り替えができません。成長し過ぎた株は根元から切り落とすか、植え替えを検討しましょう。品種によっては地下茎で新芽が増えていきます。葉先の枯れについては枯落としで対応します。

［主な品種］テーブルヤシ
トックリヤシ／アレカヤシ
シュロチク

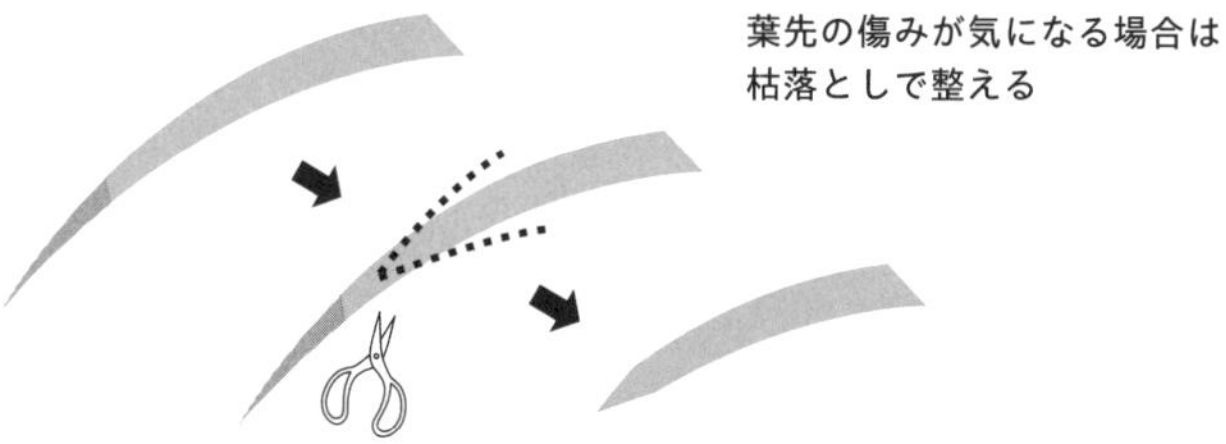

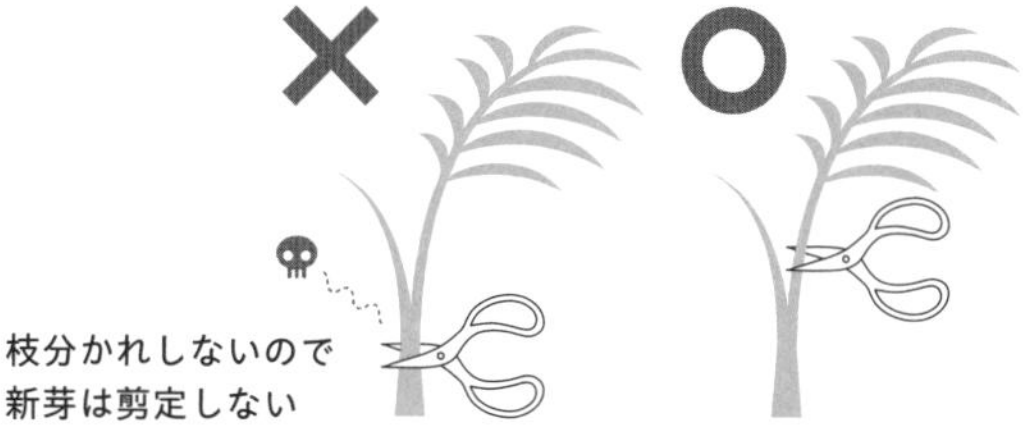

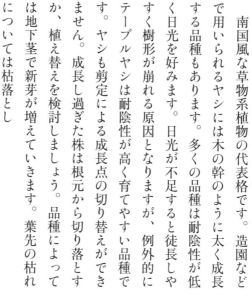

植物をめぐる哲学的エッセイ④

緑化のパラドックス

良かれと思ってやったことが、かえって迷惑になってしまった。誰しもそんな経験があるでしょう。正しいと思って進めた結果、意図に反した結論に行きつくことをパラドックスと言います。

近年のＳＤＧｓブームが手伝って、植物はすっかり「持続可能性」のシンボルとなりました。ファッション誌やブランド広告に目をやれば「ＧＲＥＥＮ」の文字が躍り、今をときめく一流企業のエントランスに行けば、どこもかしこも植栽が生い繁っています。

このように作られた緑豊かな空間は本当に「サステナブル」なのでしょうか？

ステータスシンボルとしての「ＧＲＥＥＮ」

欧米の映画に登場する立派な戸建てには、必ずと言っていいほど芝生が繁っています。なぜなら、芝生の庭を所有していることは、欧米ではステータスシンボルになるからです。ゴルフ場やサッカーコート、テニスコートでも、芝目の美しさが名門か否かの尺度になると言われるほどです。綺麗《きれい》に刈り込まれて絨毯《じゅうたん》のように整えられた芝生を見ると、思いっきり寝転んでみたい衝動に駆られますよね。

一方で、芝生はメンテナンスが最も大変な植物です。夏場は2、3日に一度の水やりが必須ですし、雑草抜きと芝刈りも週に一度は必要です。5m四方（25平米）の広さだとしても、掃除まですればゆうに小一時間はかかります。膨大な量の水と除草剤、化学肥料を撒《ま》き、電動の芝刈り機も欠かせません。園芸作物の中ではトップクラスとも言われる管理コストの高さから、しばしば環境負荷について問題視されています。

今度は室内を見てみましょう。

最近の商業施設やオフィスなどで多く導入されているのが「室内壁面緑化」です。壁一面に観葉植物が敷き詰められた「緑の壁」は圧巻で、空間全体が植物に包み込まれるような心地よさが人気です。自動灌水《かんすい》機能があったり、部分的に枯れてしまった植物も定期的に交換してもらえたりするので便利で安心。植物を設置したいけれど場所が限られるようなケースにも対応可能。このような仕組みを発明した業界の先達には尊敬の念を抱きます。

しかし、これらは多くの場合、植物が過密状態で植え込まれています。

通気の悪さや光合成の非効率さは火を見るより明らかですし、床置きの鉢植えと比較したら、その環境の悪さから枯れやすいのは明白です。少なくとも今のテクノロジーでは、美しい景観と引き換えに植物の寿命が縮められていることは否めません。

「花屋栄えて園芸滅ぶ」に抗う

東京農業大学初代学長、横井時敬の「農学栄えて農業滅ぶ」という有名な言葉があります。日本の農業教育が農業経営者を育てる視点に欠けていると指摘し、「研究のための研究になっていて現場と乖離《かいり》している。いくら学問として栄えても実践がなければ産業として滅びる」と憂いた言葉です。

僕は今、園芸業界には真逆の現象が起きていることを危惧しています。

商売としての園芸が前景化するあまり、文化としての園芸の未来が大きく揺らいでいます。「緑化のパラドックス」や昨今の珍奇植物ブームに共通するのは、植物を「消費」する人ばかりでケアする人がいない、ということ。

現代日本の園芸業界は「植物を売るプロ」として高度に発達しました。生産者は日本特有の丁寧さや勤勉さを持ち、市場機能や流通網の洗練さは諸外国にも胸を張れるものです。

しかし「植物を売るプロ」としての成熟が逆に足枷《あしかせ》となり、「植物をケアするプロ」の育成を阻みました。

園芸文化が持続可能であるためには、粘り強いケアが欠かせません。幼少期に読んだ、イソップ童話の「ガチョウと黄金の卵」が教えてくれました。短期的な利益追求を妄信すれば、中期的には文化が廃れ、長期的には産業ごと滅びてしまうと。


たまに同業者から、「ケアすることで長生きしたら、新しい植物が売れなくなってしまう……」といった心配の声を聞くことがあります。不安な気持ちはよく分かります。

しかし2005年からプランツケアを始めて分かったことがあります。

それは、「長生きする植物はもっと欲しくなる」ということ。

手をかけるほどにすくすくと成長し、魅力と愛着が増していく。更には、自分より長生きするかもしれない。そんな生き物は増やしてみたくなるのが人情です。


プランツケアは園芸業界にとっても、全く新しい産業創出に繋《つな》がります。

「花屋栄えて園芸滅ぶ」に抗うためには、園芸文化を持続可能にする取り組みが急務です。この点からも、今後ますます「ケア」は重要視されていくのではないでしょうか。

Q&A

プランツケアの現場に多く寄せられる質問と対処方法をまとめました。あくまでも一般論なので、解決しない場合には専門店に相談し健康診断を受けてください（↓P.74参照）。

葉に関する質問

Q 葉が黄色くなる

下葉なら多くの場合は新陳代謝なので問題ありません。枯落としを行いましょう（↓P.84参照）。新しい葉の場合はハダニの可能性が高いです。濡《ぬ》れティッシュで葉裏を拭き取り補殺します（↓P.115参照）。あるいは水枯れの可能性もあります。正しい水やりができているか確認してください（↓P.58参照）。

Q 葉が茶色くなる

葉焼けの可能性が高いです。強過ぎる日光や照明器具が植物に直射していませんか？　その場合は設置環境を見直してください（↓P.38参照）。

Q 葉の先端だけ枯れる

ドラセナやヤシなどの葉先が細く薄い植物の場合は、多くが空気の乾燥によるものです。自然現象なので問題ありません（↓P.84参照）。葉先以上に枯れが進行する場合は根腐れの可能性もあります。水やりを見直しましょう（↓P.58参照）。

Q 葉の色が薄くなる

害虫のハダニの可能性が高いです。ハダニに栄養を吸収された葉は、白いカスリ状の斑点が生じ葉色が薄くなったように感じます。速やかに害虫対策を行いましょう（↓P.115参照）。

Q 葉に黒いシミができる

炭そ病の可能性が高いです。些細《ささい》なものなら傷の場合もありますが、大きく広がるようならほぼカビが原因です。速やかに病気対策を行いましょう（↓P.116参照）。

Q 葉に綿毛みたいなものがついている

害虫のコナカイガラムシの可能性が高いです。潰して赤っぽい液体が出たらほぼ確定です。

速やかに害虫対策を行いましょう（↓P.116参照）。

Q 葉にカサブタみたいなものがついている

害虫のカイガラムシの可能性が高いです。ついていてポロッと落ちたらほぼ確定です。速やかに害虫対策を行いましょう（↓P.115参照）。

Q 葉がベタベタする

害虫のカイガラムシの可能性が高いです。葉に広範囲に広がっているならほぼ確定です。ベタベタの原因はカイガラムシの排出する分泌液です。速やかに害虫対策を行いましょう（↓P.115参照）。

Q 葉が繁り過ぎている

過度な葉の繁りは光合成と通気を阻害します。葉透かしを行い余分な葉を間引きましょう（↓P.82参照）。

Q 葉が散る

様々な原因が考えられます。①日光の不足（↓P.38参照）、②通気の不足（↓P.42参照）、③水の過不足（↓P.58参照）、④温度変化・環境変化（↓P.46参照）、⑤新陳代謝（↓P.84参照）、⑥根詰まり（↓P.102参照）、⑦病害虫（↓P.112参照）、など。落葉は一概に原因特定が難しいため、健康診断を推奨します。

枝・幹の疑問

Q 枝がヒョロヒョロに伸びる

「徒長」の可能性が高いです。日光が不足すると植物は光を求めて間延びします。葉と葉の間隔が長くなったり、葉が極端に肥大化します。そして細く伸びた枝は自重を支えきれずに折れ曲がっていきます。より日光が当たるように設置環境を見直してください（↓P.38参照）。また風による刺激が徒長を防ぐとも言われます。通気も改善してください（↓P.42参照）。

Q 伸びた枝は切っていいの？

伸び過ぎた枝は切ってください。適度な剪定が植物の健康寿命を高めます（↓P.132参照）。

Q 枝はどこを切ればいいの？

太い幹を避ければ、どこを切っても基本的には大丈夫です。ただし美しい樹形を維持するための剪定にはコツがあります（↓P.140参照）。

Q 幹や茎がブヨブヨする

根腐れの可能性が高いです。壊死した箇所は元に戻りません。他の箇所に広がる前に切り落としましょう。根腐れの予防には水やりを見直しましょう（↓P.58参照）。

Q 幹が傾いてきた

鉢に対して植物が大きくなり過ぎたら剪定を行いましょう（↓P.132参照）。用土の経年劣化により根が緩んできた可能性もあります。最後の植え替えから2年以上経過していたら、植え替えを検討しましょう（↓P.100参照）。

土に関する質問

Q カビが生えている

植物の健康に悪影響はほぼありません。気になる場合は除去しましょう（↓P.117参照）。

Q キノコが生えている

植物の健康に悪影響はほぼありません。気になる場合は除去しましょう（↓P.117参照）。

Q 土の表面を歩く虫がいる

土を耕す益虫の可能性が高いです。気になる場合は対策しましょう（↓P.118参照）。

Q 鉢のまわりを飛ぶ虫がいる

不快害虫のコバエの可能性が高いです。植物の健康に悪影響はほぼありません。気になる場合は対策しましょう（↓P.119参照）。

Q ハイドロカルチャーはダメ？

水耕栽培は衛生的な管理と利便性という面では多くのメリットがあると思います。しかし本書で紹介するプランツケアとは相性が悪いため推奨しません（↓P.56参照）。

その他の質問

Q 旅行のときはどうしたらいいの？

1週間以上の不在が続くときは以下を推奨します。①エアコンの送風をつけっ放しにして通気を促す。②乾燥から守るため、窓際や直射日光の当たる場所から移動する。③鉢皿に水を溜めておき、水枯れを防ぐ（ただし真冬を除く）。

Q うっかり水やりを忘れてシナシナになってしまった。復活する？

ソーキングで復活する可能性があります。別名「腰水《こしみず》」とも呼ばれる技術です。葉水をたっぷり行ったら新聞紙などで株全体を包みます。そして深めの器に水を張り、鉢ごと数時間漬け込みます。このとき水位は鉢の腰高くらいを目安にします。これでも改善しない場合は、残念ながら復活は難しいです。

Q 観葉植物も冬眠するの？ 冬も水やりは同じでいいの？

一部の多肉植物は冬に休眠する品種もありますが、観葉植物は原則的に室内で休眠しません。冬の水やりも基本的には普段通りで大丈夫です。注意が必要なのは、室温が低いと用土の乾きが遅くなる場合がある点です。また逆に、暖房が原因で用土の乾きが早くなる場合もあります（↓P.58参照）。

Q トイレで観葉植物を育てたい

推奨はできません。まず窓がない場合は難しいです。窓があったとしても個室は空気が滞りやすく植物育成には不向きです。

Q お風呂で観葉植物を育てたい

推奨はできません。過剰な湿度、冬場の低温、熱湯のリスクなど不向きな理由ばかりです。

Q 部屋の中で植物が必ず不調になる場所があるのはどうして？

通気が原因の可能性が高いです。設置環境を考えるとき、最も見落とされがちなのが通気です。風の流れは目に見えないため判断が難しいです。より良い通気を心掛けてください（↓P.42参照）。

Q 肥料をあげたのに元気がない

肥料は必ずしも植物の健康を改善しません。使い方を誤ればむしろ害になります。本当に肥料が必要か再度検討してみましょう（↓P.98参照）。

Q 花が咲いてきたらどうしたらいいの？

花や実をつけるために植物は大きなエネルギーを使います。植物に力を蓄えたいなら蕾《つぼみ》の段階で摘み取りましょう。その力が枝や葉にまわります。花を観賞したい場合は、花が終わったら肥料を与えてください。花後の肥料は「お礼肥」と呼ばれます。窒素とリン酸を中心に与えると良いでしょう（↓P.99参照）。

Q 水耕栽培を鉢植えにできるの？

不可能ではありませんがリスクもあります。水耕栽培で育った根は水から養分を吸収するために最適化しています。全く異なる環境の土壌に植え替えると、うまく適応できずに枯死する場合もあります。

Q 盆栽に腐植を使わないのはなぜ？

養分が豊富な腐植を使うと、根が張り過ぎてしまうためです。盆栽では株を過剰に大きくしないために、根が張り過ぎることを警戒します。そのため盆栽の用土に腐植が使われることはほぼありません。最も多く使われるのは赤玉土などの水はけを重視した用土です。そして養分は置肥でまかなうのが一般的です。

対談

微生物コミュニティの研究者

伊藤光平

×

園芸家

川原伸晃

プランツケアが人間の「健康」にも役立つ科学的な理由とは!?

対談 プランツケアが人間の「健康」にも役立つ科学的な理由とは!?

Profile
伊藤光平

都市環境の微生物コミュニティの研究・事業者。株式会社ＢＩＯＴＡ代表取締役。１９９６年生まれ、山形県鶴岡市出身。高校時代からマイクロバイオーム（微生物の集まり）の研究に取り組み、慶應義塾大学先端生命科学研究所で都市や建築環境を対象にバイオインフォマティクス（情報生命科学）を用いた研究に従事。卒業後、株式会社ＢＩＯＴＡを設立、「微生物多様性を高める都市デザイン」の事業に取り組んでいる。Forbesの「30 UNDER 30 JAPAN 2018（世界を変える30歳未満の日本の30人）」にも選ばれた。

川原　僕が伊藤さんと関係を築くきっかけになったのは、日本科学未来館（以下、未来館）で伊藤さんが監修されている「セカイは微生物に満ちている」という常設展示[※1]でした。ブースの中に実際の庭があったり、「微生物多様性」というメッセージがカラフルに光っていたり、とにかく異彩を放っていました（笑）

伊藤　ありがとうございます（笑）。未来館の空間は基本的には展示のテーマが決まっているんです。でも僕は展示作品にどのゲストを呼ぶかとか、空間のパーツとか、全て自分で作っていいですか？　と提案しました。植物や土を見せたり、微生物のリアルな写真を少なくしたり、展示のアプローチはかなり意識しましたね。

川原　展示の内容については、のちほどまた詳しく聞かせてください。

伊藤さんが提唱されている「微生物多様性」は、プランツケアにとっても大変興味深いです。日々植物と向き合っていると、土壌の環境が植物の健康にどれほど影響するかよく分かります。

僕は子どもの頃から遊び場として園芸にふれる中で、古くからいる職人さんに「土って生き物なんだぞ」「へー」みたいな感じで教わっていました。だから虫や微生物というものは除去する対象ではなく、共生することによって植物もいい感じに育つのだろうという感覚がありました。

でも一方で、世の中の園芸観とは割と距離を感じています。植物にとっても、ひいてはそれに接する人間にとっても、微生物はすごく重要なんだという啓蒙の必要性を感じています。

マイクロバイオーム（微生物の集まり）の研究において最前線で活躍されている伊藤さんに話を伺って、そのあたりの解像度を上げていきたいと思い、対談をお願いしました。

伊藤　僕は植物と微生物を直接繋《つな》げて研究しているわけではないですが、今の話に似たような現象は人の口や腸の中でも幅広く共通しています。そういった事象を含めて、イメージがわくような形でお話しできたらなと思います。

パソコン好きからスタートした微生物研究

川原　まずは伊藤さんご自身のことを伺いたいです。かなり早熟というか、高校生のときから既にこういった研究をされていたのはすごいですよね。そもそも微生物に対して興味を持ったきっかけは何ですか？

伊藤　もともとは小学1・2年生の頃から大のパソコン（以下、PC）好きでした。2000年代前半でインターネット黎明期《れいめいき》はちょっと超えていましたが、一般的に広がってきた時期ですね。貯《た》めた小遣いでノートPCを買って遊んでいました。中学へ進んでも計算で負荷をかけたり、自分でPCを作ったり、様々なプログラミング言語を調べていました。

高校に入ってすぐ、慶應義塾大学の先端生命科学研究所に入って研究を始めました。きっかけは、たまたま近くで説明会があったからです。小・中学とテスト勉強を頑張っては良い順位を取るみたいなことを10年くらいやってきて、その仕組みから出たいなと思っていたときでした。

説明会で研究所の所長が言ったんです。「勉強って、研究していく中ですごく興味がわいてから始めること。だから研究を始めると勉強する意味が分かったり、意味のある勉強ができるんじゃないの？」

その言葉で決めましたね。

川原　素晴らしいお言葉ですね。

伊藤　微生物って目に見えないじゃないですか。あらゆる場所に何千種類といるので、昔からの手法ですが、培養して数を増やして調べます。でも僕が入った研究所では微生物のDNAを丸ごと調べるという解析をしていました。それには大量のPCデータが出てくるわけです。なので、最初は微生物というより、そういった解析手法に興味を持ちました。PCの計算機をまわす理由になるし、得意だったPCのデータ解析で様々な味が出せるところにハマったんです（笑）

いざ研究を始めたら、データの中で見える遺伝子配列の多様性みたいなものは、実社会でもめちゃくちゃ応用できるなと思いました。そのあたりから段々微生物の面白さに気づき、研ぎ澄まされていきました。

皮膚とか腸の微生物を研究していましたが、大学に入ってからは地下鉄などを調べて、屋外や人の表面にいる微生物の研究をメインにしていました。

川原　微生物の面白さというのは、具体的にどういったことですか？

どのような場所でも同じような現象が起きていることですね。

伊藤　例えば、体内でも「腸内フローラ」が崩れると色々な病気になったり免疫が下がります。土の中でも微生物の多様性が崩れると感染症が広がりやすくなります。それらの多くは多様性の問題なんです。住居やお店でも、室内にいる微生物の多様性が高い方が病原菌も少ないんです。ヒューマンスケールで見ると、腸とか、室内とか、都市などは全て別物として区別しますよね。でも、微生物のミクロな世界で見ると実は何も違いがないんです。砂漠と家の中のボイラーは環境として似ているから、近い種類の微生物が見つかるとか。ヒューマンスケールの区分が取り払われて全部同じだなって思えたときに、すごく面白くなりました。

「多様性」という発想自体が重要です。社会の大枠で見ると都市と人との関係性と一緒です。

あと、地球上で一番種類が多いのは微生物と考えられています。その意味では、むしろ一番「王道」の研究だと思っています（笑）

川原 なんでみんなやらないの？　くらいの感覚ですね（笑）

「微生物多様性」は人間の健康に寄与します

川原 未来館の展示でも、やはり「微生物多様性」ということが一番のメッセージになっていました。特に、展示パネルにあった自然環境と都市環境における微生物の対比は印象的でした。

伊藤 もともと人は自然豊かな環境、土とか水に囲まれて暮らしてきました。人以外の生き物もたくさんいる状態で、いわゆる人工物はまばらに存在していました。そこから近代化にともなって、徐々に人工物も増えてきました。地球上で微生物が一番多く存在しているのは土の中ですし、そこに植わっている植物や水にたくさんいます。なので、人工物に囲まれた暮らしだと、やはり微生物の量や種類は圧倒的に少なくなります。展示のデータにある通り、室内と公園では微生物の種類にものすごく差があります。室内で完全に覆われた空間だと、微生物の絶対量も少ないし、種類も人由来の微生物に偏っています。

川原 普段はなかなか意識しませんが、微生物多様性が高まることは、実際の人間社会にとってどういった影響がありますか。

伊藤 大きく2つのメリットがあると考えています。免疫力の向上と感染症の抑制です。まずは免疫力。例えば農村部と都心部の子どもでは、農村部で育った子どもの方がアレルギー疾患リスクが低いと言われています。免疫力や発症したあとの悪化率に差が出るんです。

面白いのは、今の子どもたちって室内ゲームが中心で、それほど遊ぶ環境も時間も大差ありません。じゃあ、なぜ違いが出るのか。それは家の中にいる微生物の差です。

やはり、屋外環境が緑豊かな方が微生物もたくさん入ってきます。また、農村部だと低層階の建物が多いことも特徴です。自然や土に近い方が、より微生物を取り込めます。都心部だと屋外の自然がそもそも少ない上に、高層階の建物が多いので取り込むことすら難しい。観葉植物やペットもいない場合は、微生物多様性が著しく低くなります。子どもの身体が、免疫を学習する機会がないんです。

もうひとつ、微生物の多様性が低いと悪い菌がひとり勝ちしやすくなることです。土や腸の中もそうですが、多様性が低いと、病原菌が来たときに感染が一気に広がります。

特に家の中には人がいるので、人由来の微生物が多く蓄積されます。多様性を高めるために、そこに土壌とか植物由来の微生物をうまく補給してあげることが、結果として感染症の抑制にも寄与すると考えています。

川原　そして、これらは相互作用します。免疫力が上がれば感染症の抑制にも繋がります。住環境によって室内の微生物環境は全く違うんですね。

伊藤　そうなんです。例えば同じマンションでも1階と10階では違いが出ますし、公園でも子どもと大人の頭の高さの違いで、微生物にふれる量も変わってきます。地面(土)との距離の差です。

「除菌から加菌™」という新たな健康法

川原 今は特に感染症の問題で、除菌や殺菌がある種のトレンドというか、現代人のマナーになりつつあります。そういった側面ではどう思われますか。

伊藤 そこは薬剤耐性菌の話に繋がるかと思います。いわゆる菌を殺そうとするときに抗生剤などを使いますが、そもそも、それ自体、微生物が作り出した物質を使っています。体内に入れると、大抵の微生物は死滅しますが、一定数、死なない菌が出てくることがあります。それが薬剤耐性菌、薬剤に耐性を持っている微生物です。抗生剤を使ってまっさらになった体内で、その薬剤耐性菌が1人ぽつんといると、めちゃくちゃ強くなるんです。自分たちだけで増殖できるので、敵がいないし、ひとり勝ちに繋がります。それが他の病気への誘発や大きな感染症としてどんどん広まると、更にその菌に打ち勝つ薬が必要になります。でも人はそんなに早く薬を作れないのでイタチごっこ状態です。

川原 なるほど、それは農薬でも同じことが言えます。植物につく虫にも色々な種類があり、益虫もいれば害虫もいます。毎年のようにどんどん新しい農薬が出てきますが、あるときに急に薬が効かなくなることがあります。今までAという虫にはB薬が効いていたのに、最近妙に効かないなぁと思っていると、B薬のパワーアップ版のようなものが販売になり、それだと効くみたいな（笑）

消費者としては科学の進歩のような頼もしさも感じる一方で、これがいつまで続くのか分からない恐ろしさもあり。最後にはもう無敵の虫が出たりするんじゃないかと(笑)。農薬の歴史も常にそういう耐性を持った虫との戦いです。

伊藤 今は感染症対策に向き合うときに、「除去」が手っ取り早いと思われていますが、逆に多様性を高めるための「加菌™」という対策もあります。「除菌から加菌™」です。未来館ではそういった展示もしています。どんどん抑えるのではなく、他の生き物に任せた方がうまくいくというか、そういった生態系システムを構築していきたいですね。

川原 むしろ人為的に微生物を増やして多様性を高めることで、結果的に微生物同士がうまくやってくれるということですね。「加菌™」のことを展示では「家にとってのヨーグルト」と表現されていて、分かりやすくて素晴らしいなと。

伊藤 植物にとってもそうですよね。微生物の種類とかメンバーが多ければ、享受できる利益も多いと思います。

川原 もう本当におっしゃる通りですね。うちでは日常的に木酢液を使用しています。炭を作るときに出る煙を液化した、伝統的な農薬ですね。匂いもちょっとこう燻製《くんせい》みたいな香りで、それを虫が嫌がるといった話もありますが、科学的に効能が解明されているかは分からないです。昔から園芸の先輩なんかには、木酢液自体に微生物がたくさんいるからそれを振りかけることで

伊藤　植物が守られる、といった話を聞いてきました。まさに「加菌™」ですよね。実際に1日3回くらいやっていて、すごく効果があると実感しています。

面白そうですね！　サンプルいただければうちで解析しますよ！

プランツケアが人間の「健康」にも役立つという新たな価値観

川原　微生物多様性を高めることが、人間の公衆衛生にも非常に有益だという点と、植物の健康にとっても必要不可欠という点。個人的にはこの2つが交わることが興味深いです。今までは単一的に園芸を考える中で、植物がすくすく育つためには、土が大事、そのためには土壌の多様性が大事という視点だけでした。でも、実は土壌の多様性を高めていくことで、植物をケアしている自分自身もケアされている、健康に寄与されていると。

色々なことがここに結実していくな、と興奮しました。

伊藤 植物に愛を注いでいたら、実は自分自身にもフィードバックされていたということですよね。

微生物と定量的にふれあうという点ではぬか床も同じです。かき混ぜることで、自分のアイデンティティを交換するという点も微生物の解析を通して可視化されています。

家の中で植物を育てるということは単純に趣味趣向だけではなく、室内環境に植物由来の微生物も取り込めるという新たな価値観が見えてきます。

川原 本書には「正しくケアすれば観葉植物はあなたより長生きします」というメッセージを込めています。
それはもう自然の摂理として実際にあります。例えば盆栽は、ひいおじいちゃんから受け継いで何百年というものがあったりします。それは「ひいおじいちゃんが育てていた」という感慨深さもあるし、もしかしたら、ひいおじいちゃんの微生物が盆栽を媒介して継承されているかもしれない。そういった可能性もあるのなら、すごくロマンティックだなと思ったりもします。それが自分の健康にも寄与しているとしたら、何かこう新しいタイプの守護霊みたいだなと（笑）

伊藤 面白いですね（笑）。同じ植物でも室内の環境によって状態は変化しますよね？　それは、これまでの環境歴史を受け継いでいるという解釈もできます。そういう意味では、ずっと家にある物というのは、その当時の人の環境を、生理学的にも何らかの形で微生物コミュニティとして受け継いでいる可能性も十分にあります。愛着形成にも影響しますよね。

都市の未来は微生物多様性にかかっている！

川原 研究と同時に株式会社ＢＩＯＴＡも経営されていますが、具体的にはどういったビジネスですか？

伊藤 生活空間の「微生物多様性」を高めるために、建設会社や空調会社とコラボレーションしたり、僕たちが目指す方向性にフィットする様々なステークホルダーと組むことにチャレンジしています。屋内外や体内にかかわらず、特定の場所を網羅的に解析する「ゲノム解析」[※2]が一番得意なので、その技術を新しい建築設計に活かしています。環境の切り口によって微生物多様性のバランスも変わってくるので、データサイエンス[※3]をして、例えば屋上を緑化したら上からも微生物が降ってくるんじゃないの？　といったランドスケープ（都市や広場における空間デザイン）の提案もしています。

川原 いかにして微生物と共生していくのかという視点ですね。

伊藤 微生物多様性を高め、その状態を保つことについては、ざっくり3つのアクションを提案しています。

まずは、そもそもの発生源を増やすことです。インドアグリーンや公共空間でどう緑を増やしていくのか。

次は発生源が増えたあと、そこにいる微生物たちを室内でうまく拡散させるための取り組みです。空調や間取りの話ですね。光に当たると人由来の微生物は減るという研究があります。植物には光が必要ですよね？　実は窓の位置によって、植物由来の微生物は生きるけれど人の微生物などは死滅します。微生物のセレクションにもかかわってきます。

3つ目は建築まわりです。例えば凹凸素材の壁の方が微生物を取り込みやすいなど、微生物多様性を建築設計の中で受容していくというテーマです。

微生物多様性は「インフラ」にもなる

川原　僕も微力ながら、観葉植物を通して室内の微生物多様性を高めていくことに取り組んでいきたいと思います。家にとってのヨーグルトのように、鉢にとってのヨーグルトという意味でも、RENでは実際に土に乳酸菌を入れています。明らかに根っこの発達も違いますし、根本的に土は微生物の発生源です。微生物多様性が最も高い環境が土壌というのは、もう否定しえない事実ですね。

ただ一方で、ボトルネックだと思っている点があります。室内での「オーガニック」は、日常的な生活から微生物を遠ざける傾向が非常に強いんです。

例えば屋外のガーデニングだと、オーガニックは一般化しています。腐植などの有機物を中心とした栽培は達成感もあるし、植物にとっても人にとっても害がないことは明らかです。ところが、室内になった途端に逆転します。観葉植物用として市販されている多くの培養土には、有機物の代表たる腐植が含まれていません。微生物の発生源になるような物は入っていないことがセールスポイントになっています。非常にいびつなことで驚きますが、実はこれが支配的な風潮なんです。昨今の過剰な除菌・殺菌も、まさにそれと同じ過ちが起きているのではないかという懸念があります。僕はその風潮の対抗馬としても頑張っていこうと思っていますが、何かエールをくださると嬉《うれ》しいです（笑）

伊藤

植物を生理学的に育てるのは無菌環境でも可能ですよね。水耕栽培で人工の光をガンガン当てて、温度もきっちり管理して。でもそれって、人間が無限にエネルギーを使えることが前提の仕組みです。そういった植物工場も確かに宇宙では重要になるかもしれません。

でも、地球で持続可能に生きる上では、人間にとって「他の生き物に委ねる」ことがすごくポジティブだと思っています。人間は生物多様性を高めるためにアクションすればいいし、むしろそれが生態系にとっては本筋だということに社会も気づいていくでしょう。既にエネルギーは無限じゃないという風潮が高まりつつあるので、実は人間のコストを他の生き物に任せられるんだよと言いたいですね。人類に絶望する前に、こういった考えに発展していけばいいなと。

ただ、あまりスピーディに進めても良くないと思っています。圧力的にならないよう、実態をともなって、気づかないうちに「最近、除菌・殺菌が減ったかも」という社会を50年くらいかけて作っていくしかないんだろうなと思っています。

川原 プランツケアに来る方は、やはり植物を長く育てたいとか、おじいちゃんから引き継いだから枯らしたくないとか、長く生かせるにはどうしたらいいですか？　という話がメインです。そこでお伝えするのは、まずはいい土にしましょう、いい土とは肥沃な土で、肥沃とは腐植が豊富ですと。そのときに、まぁデメリットというか注意点もお話しします。すると、やっぱり虫はちょっと気になりますと言うので、じゃあ見えなくすればいいですと。マルチングという園芸の技法があって、土の表面を被覆して不可視化しましょうと。そもそも土壌生物は、彼らも別に出てくるメリットがないので、住み分けしてあげることが大切なんです。葉や枝の上に登ってきて食害するようなものは害虫なので、それは処置します。でも、それ以外、土の中にいるものも全て根絶やしにすることは考えないでくださいと。見えなくなるんだからいいじゃないですかって（笑）。

伊藤 微生物も100倍ぐらい大きいサイズだったら大変ですね（笑）見えないからこそいいんです。インフラとして導入していけるので（笑）

僕がよく思うのは、多くの人は地球上の生き物の数をあまりにも少なく見積もっているなと。例えばカブトムシだけで何種類もいるとか、微生物で言えば1cm×1cmの中には数百種類いるけれど、2、3種類じゃないの？　とか。そのあたりのスケール感は習う機会もないし分からないんですよね。ウイルスなんて無限にいるし、まずはこの多生物に満ちた世界を受け入れることが第一歩かなと。だから、未来館での展示タイトル（「セカイは微生物に満ちている」）は多様性を高めるというテーマもありますが、そもそも「満ち溢《あふ》れているんだよ」というメッセージも込めています。

地下鉄の中で微生物を採取すると、4割くらいは微生物なのか他の生き物なのかも特定できないという論文もあります。分からないものに囲まれて生きているという事実に直面しても、僕たちはそれなりに楽しく、健康に暮らせています。分からないものは悪いというわけではなく、分からないことを前提に生きている。まずはそこを受け入れることが大切かなと。だから僕は研究者として、分からないことは分からないと言うようにしています。結構それは嫌がられたりもしますけれど（笑）

川原　特にビジネスだとなおさらですよね。

伊藤　研究者は特に、分からないものに囲まれながら日々生きています。その前提の中で頑張るので、そういった「研究マインドセット」がもっと広まればいいかなとも思います。

川原　分からないものへの向き合い方ですね。

川原　なるほど。すごく面白い話でした。今日はありがとうございました。

※1
2022年4月公開。家や学校、公共機関など、身のまわりの微生物に目を向け、微生物と人間が豊かに共生する未来の暮らしに焦点を当てた展示

※2
生物のゲノムの持つ遺伝情報を総合的に解析すること

※3
大規模なデータセットから有益な知見や問題解決に必要な知見を引き出そうとするアプローチのこと。統計学や情報工学などの手法を組み合わせて行う

ケアすることがされること（あとがきに代えて）

臨床心理学者の東畑開人は『居るのはつらいよ　ケアとセラピーについての覚書』（医学書院）で、ケアとセラピーの違いについて様々な考察をしています。

セラピーは「自立」を原理とし、自分の問題を自分で引き受け、傷に向き合って変化を遂げることが目指されます。

一方、ケアは「依存」を原理とします。

ニーズを満たし、日常を支え、依存を引き受ける。それがケアの本質だというものです。

もちろん、このケア論は人間を対象に書かれていますが、僕は園芸にも通じるように思えます。自然環境下の植物は当然ながら「自立」していますが、大地から掘り起こされて鉢植えとなった観葉植物は100％人間に「依存」します。

そして僕たちは頼まれたわけでもないのに、植物からの依存を引き受けるべく、せっせと室内に運びケアしています。

ケアの本質とは相反するプランツケア

プランツケアには一見すると、その本質とは矛盾しているように思える「下取りと再生」というサービスがあります。様々な事情から不要になった植物を買い取り、養生・再生して再び販売します。

それまでも、前述のように多面的なプランツケアを提供してきました。

しかし常に課題であり続けたのが「手放すことを肯定する」サービス。

誰しもが日々生活していく中では、思いもよらないことが起こります。転勤や入院、育児や介護など、植物のケアまで手がまわらない状況になることもあるでしょう。あるいはうまく育てることができず、どうしたらいいか分からなくなることだってあります。

これまではそんな相談に対して、「自己責任」で対応してもらうしか為す術《すべ》がありませんでした。

この状況を打開すべく悩んでいたときにヒントをくれたのはAppleでした。

長らくMacユーザーの僕は、ことあるごとに、製品の修理や下取りなどに対応するテクニカルサポートサービスを利用しています。そこでは、まだまだ現役のMacBookを「他の人に大切に使ってもらいましょう！」と後ろめたさもなく笑顔で手放すことができます。この仕組みを取り入れようと決意しました。

持続可能な文化には、循環する仕組みが必要不可欠です。

こうして観葉植物では前例のない二次流通を実現すべく、古物商許可の取得へ動き出しました。特例を認めないお役所仕事に右往左往しながら、想定を遥《はる》かに上回る困難さに焦る僕には、もうひとつの懸念もありました。

それは「ケアすべき存在を下取りする」のはケアの本質と矛盾していないか、という迷い。決断のつかない僕の背中を強く押してくれたのは、日本を代表する哲学者、東浩紀の『観光客の哲学』（ゲンロン）でした。僕なりに解釈すれば次のような主張です。

特定の村にしか属さない「村人」でもなく、どこにも属さない「旅人」でもない。自分の村に属しながらどこにでも出かけていく「観光客」的な態度こそが、現代社会の対立を超える可能性を持っている。ふらふらと出かけていくその不真面目さが、予期しないコミュニケーションを生み、新しい繫《つな》がりを作る。

僕たちは植物を枯らさないために生きているわけではありません。人間が植物に対して「観光客」的な態度で接することは肯定されるべきではないか。この本から「不真面目さの肯定」という哲学を受け取った僕は、再び進みだしました。

サービスご利用者の涙

申請から約2年が経《た》った頃、ようやく審査が通り古物商許可を取得しました。法的にも倫理的にも後ろ盾を得て、２０２０年にプランツケアの新サービス「下取りと再生」は誕生しました。

サービスを開始してしばらくした頃、あるご年配の女性から下取りの依頼がありました。数年前に先立たれた旦那様が大の園芸好きで、ご自宅には大小様々な観葉植物が20以上もありました。形見がわりに大切に育てていたものの、ご自身の介護施設への入居が決まり世話をすることが難しくなったのです。忘れ形見を廃棄することへの葛藤に苛《さいな》まれていたとき、「下取りと再生」の存在を知って訪ねてきてくださいました。

また若い女性からはこんな依頼もありました。

同棲《どうせい》していた婚約者と一緒にガジュマルの小鉢を育てていましたが、大恋愛の末にフラれてしまい婚約も解消。ガジュマルは依頼者の女性が引き取ることになったそうです。しかしこのガジュマルを見ていると楽しかった頃の記憶が呼び起こされて辛《つら》くなってしまう。

とはいえ、想い入れのある植物を廃棄するには自責の念があり途方に暮れていました。そんなとき友人から教えてもらい「下取りと再生」にたどり着いたそうです。

伴侶に先立たれた年配の女性も、失恋に傷心した若い女性も、引き渡しが無事終わると涙を流し安堵《あんど》していました。僕は20年間の職業人生の中で、これほどまでに感謝を受けたことは初めてでした。

「なんていいサービスを作ったんだ！」という喜びとともに、2年間の苦労が報われたことに胸を撫《な》で下ろしました。

ケアされているのは誰か？

こうした依頼にいくつも応えていくうちに、僕は妙な感覚に捉われていきました。

プランツケアは文字通り植物のケアを目的に始めたものですが、「下取りと再生」の相談を受けていると、ケアされていたのは明らかに依頼者側のように思えたからです。

哲学者の広井良典は『ケア学　越境するケアへ』（医学書院）で、「ケアという行為を通じて、ケアをおこなっている（あるいは『提供』している）人自身が、むしろ力を与えられたり、ある充足感や統合感を得る」と述べています。

これは「ケアすることはケアされることである」とも言い換えられます。「ケアする」と「ケアされる」は不可分に繋ぎ合わさっていたのです。

お葬式がいいたとえかもしれません。

名目上は死者の弔いですが、実質的には残された人々の気持ちを整理する意味合いが強いのではないでしょうか。故人をケアすることで遺族がケアされているのです。

思い返せば「植物のグリーフケア」（P.127参照）もそうでした。枯死した植物を堆肥化して弔うことによって、枯死させてしまった人間の心をケアしていたのです。

親愛なる人と抱擁を交わすとき、あなたは癒しているのでしょうか？

それとも癒されているのでしょうか？

植物は人間に依存しケアを促します。

そして人間は植物からの依存を引き受けることでケアされます。

観葉植物は人間にとって、相互にケアし合いながら共生関係を結んでいける存在なのです。

※ご紹介した事例は、ご利用者のプライバシー保護のため、著者が再編集したものです。

謝辞

まず社員の皆へ。

日々の現場は綺麗《きれい》事だけではまかり通りません。

困難な状況も多々あることでしょう。皆の尽力がなければ何も達成されません。

いつも本当にありがとう。


特にＲＥＮ店長の山田聖貴くん。

開業以来、幾度もあった困難を乗り越えることができたのは君のおかげに外なりません。

これからも君の助けを必要としています。

そして親愛なる家族とご先祖様たちへ。
僕が日々前に進むことができるのは皆の支えのおかげです。

最後にサンマーク出版の栗原さんへ。
頑固な著者の要望に粘り強くお付き合いいただきありがとうございました。
おかげで大変素晴らしい本が実りました。

2023年4月吉日
三田駅前のスターバックスにて
川原伸晃

参考文献・出典

『ケア学　越境するケアへ』
広井良典 著　医学書院

『ケアを問いなおす』
広井良典 著　筑摩書房

『サピエンス全史 上・下』
ユヴァル・ノア・ハラリ 著／柴田裕之 訳　河出書房新社

『欲望の植物誌　人をあやつる4つの植物』
マイケル・ポーラン 著／西田佐知子 訳　八坂書房

『植物は〈知性〉をもっている　20の感覚で思考する生命システム』
ステファノ・マンクーゾ 著　アレッサンドラ・ヴィオラ 著／久保耕司 訳　NHK出版

『植物はそこまで知っている　感覚に満ちた世界に生きる植物たち』
ダニエル・チャモヴィッツ 著／矢野真千子 訳　河出書房新社

『動いている庭』
ジル・クレマン 著／山内朋樹 訳　みすず書房

『そもそも植物とは何か』
フロランス・ビュルガ 著／田中裕子 訳　河出書房新社

『ダーウィンのミミズの研究』
新妻昭夫 文／杉田比呂美 絵　福音館書店

『ミミズと土』
チャールズ・ダーウィン 著／渡辺弘之 訳　平凡社

『猫はこうして地球を征服した　人の脳からインターネット、生態系まで』
アビゲイル・タッカー 著　西田美緒子 訳　インターシフト

『デザインの生態学　新しいデザインの教科書』
後藤武・佐々木正人・深澤直人 著　東京書籍

『居るのはつらいよ　ケアとセラピーについての覚書』
東畑開人 著　医学書院

『観光客の哲学』
東浩紀 著　ゲンロン

『花卉園芸学の基礎（農学基礎シリーズ）』
腰岡政二 著　農山漁村文化協会（農文協）

『菌根の世界　菌と植物のきってもきれない関係』
齋藤雅典 著　築地書館

『土と内臓　微生物がつくる世界』
デイビッド・モントゴメリー／アン・ビクレー 著／片岡夏実 訳　築地書館

RENのプランツケア

https://www.ren1919-shop.com/

健康診断

植物に異変を感じたときは、
LINEやメールでのオンライン診断をご利用いただけます。
お持ち込みでの診断も承ります。

プランツサプリ

農家でも使われるオーガニックなサプリで、
RENが毎日のメンテナンスで使用している
植物用健康補助資材です。化学的な肥料や薬剤に頼らず
植物本来の健やかに育つ力を養います。

植え替えサービス

植物が育ち過ぎたり、枯れてしまったり、
器が割れてしまったときなどにもご相談ください。
他店でご購入の商品も承ります。

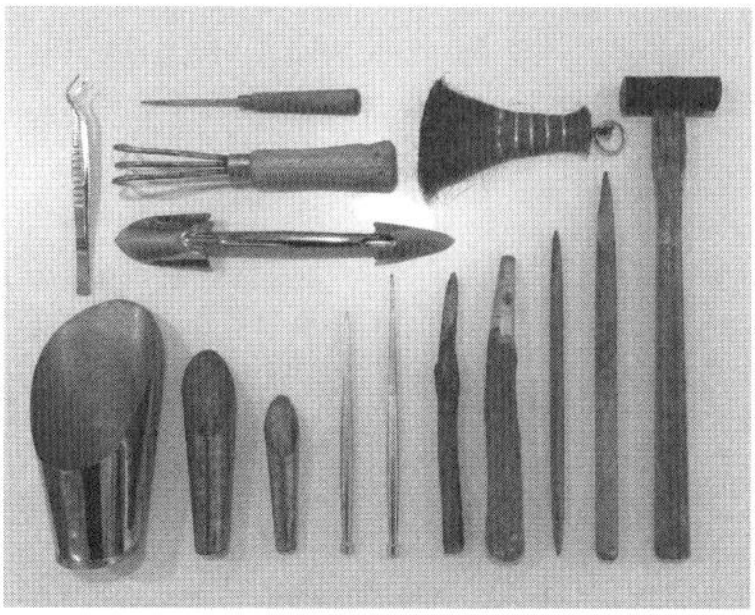

川原伸晃 かわはら・のぶあき

園芸家。華道家。創業1919年いけばな花材専門店四代目。

1981年東京都生まれ。18歳のとき、オランダ人マスターフローリスト、レン・オークメード氏に師事。オランダ最大の園芸アカデミー Wellant College European Floristry 修了。

2005年、観葉植物専門店「REN」を立ち上げチーフデザイナーを務める。2010年、経済産業省主催のデザイナー国外派遣事業に花卉園芸界の日本代表として選出される。2011年、花卉園芸界のデザイナーとして史上初めてグッドデザイン賞を受賞。

REN開業時から植物との持続可能な暮らしのサポートを掲げ、購入した植物のアフターケアに取り組んでいる。健康診断や出張、引越し対応、ホテルなど、利用者のライフスタイルに合わせたきめ細かなサービスを「プランツケア®」として提供。業界初の植物ケアサービスとしてメディアからも注目を浴びている。2020年には様々な事情から不要になった植物を買い取り、養生・再生させ再び販売する「下取りと再生」を開始。また、2022年には、枯死したり、扱いきれなくなった植物を土に還して弔い、堆肥へ再生する「植物のグリーフケア」も誕生。植物の生死にとらわれないサステナブルなケアに挑戦する日々。

REN https://www.ren1919-shop.com/
ツイッター @n_kawahara

プランツケア

Plants Care

2023年7月1日 初版印刷
2023年7月10日 初版発行

著者 ● 川原伸晃
発行人 ● 黒川精一
発行所 ● 株式会社 サンマーク出版
〒169-0074 東京都新宿区北新宿2-21-1
電話 03-5348-7800（代表）
印刷・製本 ● 株式会社暁印刷

ISBN978-4-7631-4064-7 C2076
ホームページ https://www.sunmark.co.jp